무량공덕 사경 **4**

地藏菩薩本願經

窓
도서
출판 창
Chang Books

사경은 무량공덕의 기도

무비스님

부처님께서 말씀하시기를 "지장, 지장이여. 그대의 신력이 불가사의하며, 그대의 자비가 불가사의하며, 그대의 지혜가 불가사의하며, 그대의 변재가 불가사의라. 시방제불이 다 함께 그대의 공덕을 찬탄하여 천만 겁에 이르더라도 다하지 못하리로다."하시었습니다.

지장보살본원경은 지장보살 원명으로 육도의 중생을 구원하는 대비보살(大悲菩薩)입니다. 따라서 육도윤회를 심판하는 명부(冥府)의 구세주로 등장하게 되었고 사찰에서는 명부전의 주존으로 신앙하게 되었습니다.

지장보살이 세계 도처 구석구석에 온갖 방편을 베푸시어 중생을 제도하고 악에 빠져 고초받는 중생을 구제하시니 그 영통광대한 위신력을 이 세상 모든 중생이 지장보살의 가호를 입는 것은 틀림없는 사실입니다. 현대를 살아가는 오늘날의 사람들에게는 더욱 값지고 소중한 가르침이 될 것입니다. 인생의 진정한 의미와 가치, 그리고 그 바른 길을 제시해 주기 때문입니다. 우리가 한 생을 살아가면서 이와 같이 귀중한 가르침을 만난다는 것은 이 세상에 그 무엇과도 비교할 수 없는 행복한 일입니다.

경전을 통한 수행에는 네 가지를 듭니다. 서사(書寫)·수지(受持)·독송(讀誦)·해설(解說)이 그것입니다. 서사란 사경(寫經)으로서 경전을 쓰는 일입니다. 경전을 쓰는 일은 온 몸과 마음을 다해야 하기 때문에 최상제일이며 무량공덕의 기도가 됩니다. 사람이 살아가는 일에 있어서 이보다 더 소중하고 값진 일은 없을 것입니다.

사경공덕수승행 무변승복개회향

寫經功德殊勝行 無邊勝福皆廻向

보원침익제유정 속왕무량광불찰

普願沈溺諸有情 速往無量光佛刹

경을 쓰는 이 공덕 수승하여라

가없는 그 복덕 모두 회향하여

이 세상의 모든 사람 모든 생명들

무량광불 나라에서 행복하여지이다.

불기 2545년 동안거

四

발 원 문

사경제자 :   합장

사경시작 일시 :   년   월   일

五

사 경 의 식

삼귀의례

거룩한 부처님께 귀의합니다.

거룩한 가르침에 귀의합니다.

거룩한 스님들께 귀의합니다.

개경게

가장 높고 미묘하신 부처님 법

백천만 겁 지나도록 인연 맺기 어려워라

내가 이제 불법진리 보고 듣고 옮겨 쓰니

부처님의 진실한 뜻 깨우치기 원합니다.

사경발원

자신이 세운 원을 정성스런 마음으로 발원한다.

입정

정좌해서 마음을 고요히 하여 사경할 자세를 갖춘다.

사경시작

사경끝남

사경봉독

　손수 쓴 경전을 소리내어 한 번 독송한다.

사경회향문

　경을 쓰는 이 공덕 수승하여라

　가없는 그 복덕 모두 회향하여

　이 세상의 모든 사람 모든 생명들

　무량광불 나라에서 행복하여지이다.

불전삼배

사홍서원

　중생을 다 건지오리다.

　번뇌를 다 끊으오리다.

　법문을 다 배우오리다.

　불도를 다 이루오리다.

地藏菩薩本願經 上

地藏菩薩本願經 上
(지장보살본원경)

忉利天宮神通品 第一
(도리천궁신통품 제일)

如是我聞하사오니 一時에 佛이 在忉利天하사 爲
(여시아문 일시 불 재도리천 위)

母說法하시니러 爾時에 十方無量世界不可說
(모설법 이시 시방무량세계불가설)

不可說一切諸佛과 及大菩薩摩訶薩이 皆來集會하사 讚歎되하시 釋迦牟尼佛이 能於 五濁惡世에 現不可思議大智慧神通之力하사 調伏剛强衆生하여 知苦樂法이라하시고 各遣 侍者하사 問訊世尊라하니 是時에 如來含笑하시 放百千萬億大光明雲니하시 所謂大圓滿光

불가설일체제불과 급대보살마하살이 개래집회하사 찬탄되하시 석가모니불이 능어 오탁악세에 현불가사의대지혜신통지력하사 조복강강중생하여 지고락법이라하시고 각견 시자하사 문신세존라하니 시시에 여래함소하시 방백천만억대광명운니하시 소위대원만광

一〇

明雲과

大慈悲光明雲과

大智慧光明雲과

大般若光明雲과

大三昧光明雲과

大吉

祥光明雲과

大福德光明雲과

大功德光

明雲과

大歸依光明雲과

大讚歎光明雲이니

放如是等不可說光明雲已하시고

又出種種

微妙之音하시니

所謂檀波羅蜜音이며

尸羅波

一
二

羅蜜音이며 屬提波羅蜜音이며 毗離耶波羅蜜音이며 禪波羅蜜音이며 般若波羅蜜音이며 慈悲音이며 喜捨音이며 解脫音이며 無漏音이며 智慧音이며 大智慧音이며 獅子吼音이며 大獅子吼音이며 雲雷音이며 大雲雷音이니 出如是等不可說不可說音已고하시 娑婆世界及

라밀음이며 찬제바라밀음이며 비리야바라밀음이며 선바라밀음이며 반야바라밀음이며 자비음이며 희사음이며 해탈음이며 무루음이며 지혜음이며 대지혜음이며 사자후음이며 대사자후음이며 운뢰음이며 대운뢰음이니 출여시등불가설불가설음이고하시 사바세계와 급

一三

他方國土에 有無量億天龍鬼神이 亦集
到忉利天宮하니 所謂四天王天과 忉利天과
須焰摩天과 兜率陀天과 化樂天과 他化
自在天과 梵衆天과 梵輔天과 大梵天과
少光天과 無量光天과 光音天과 少淨天과
無量淨天과 遍淨天과 福生天과 福愛天과

一三

廣果天과

嚴飾天과

無量嚴飾天과　嚴飾

果實天과　無想天과　無煩天과　無熱天과　摩醯首

善見天과　善現天과　色究竟天과

羅天과　乃至悲想非非想處天과　一切天

衆과　龍衆과　鬼神等衆이　悉來集會하니　復

有他方國土와　及娑婆世界의　海神江神과

河神樹神과 하신수신과

山神地神과 산신지신과

川澤神苗稼神과 천택신묘가신과

晝神夜神과 주신야신과

空神天神과 공신천신과

飲食神草木神과 음식신초목신과

如是等神이 여시등신이

皆來集會라하니 개래집회라하니

復有他方國土와 부유타방국토와

及娑婆世界諸大鬼王하니 급사바세계제대귀왕하니

所謂惡目鬼王과 소위악목귀왕과

噉血鬼王과 담혈귀왕과

噉精氣鬼王과 담정기귀왕과

噉胎卵鬼王과 담태란귀왕과

行病鬼王과 행병귀왕과

攝毒鬼王과 섭독귀왕과

慈心鬼王과 福 자심귀왕과 복

一五

利鬼王과 大愛敬鬼王 如是等鬼王이

皆來集會라하니 爾時에 釋迦牟尼佛이 告文

殊師利法王子菩薩摩訶薩하시 汝觀是一

切諸佛菩薩과 及天龍鬼神과 此世界他

世界 此國土他國土에 如是今來集會

到忉利天者를 汝知數否아 文殊師利白

佛言하시 世尊이시 若以我神力으로 千劫測度하여
不能得知로소이다 佛告文殊師利하사 吾以佛眼
觀하여 猶不盡數니 此는 皆是地藏菩薩이
久遠劫來에 已度當度未度하며 已成就當
成就未成就니라 文殊師利白佛言하사 世尊이시
我已過去에 久修善根하여 證無碍智일새 聞

佛所言하고 即當信受와어니 小果聲聞과 天龍

八部와 及未來世諸衆生等은 雖聞如來

誠實之語하여 必懷疑惑하며 設使頂受하여도 未

免興謗니하리 唯願世尊은 廣說地藏菩薩摩

訶薩의 因地에 作何行하며 立何願하여 而能

成就不思議事하소서 佛告文殊師利되시 譬如

三千大千世界에 所有草木叢林과 稻麻

竹葦와 山石微塵에 一物一數로 作一恒

河하고 一恒河沙一沙로 一界하고 一界之內에 所積塵數를

一塵으로 一劫이요 一劫之內에 所積塵數를

盡充爲劫하여 地藏菩薩이 證十地果位以

來컨대 千倍多於上喻어든 何況地藏菩薩이

一九

재 성문벽지불지 문수사리여 차보살
在聲聞辟支佛地 文殊師利 此菩薩

위신서원은 불가사의니 약미래세에 유
威神誓願 不可思議 若未來世 有

선남자선여인이 문시보살명자하고 혹찬
善男子善女人 聞是菩薩名字 或讚

탄커나 혹첨례커나 혹칭명커나 혹공양내지
歎 或瞻禮 或稱名 或供養 乃至

채화각루소칠형상하면 시인은 당득백반
彩畫刻鏤塑漆形像 是人 當得百返

생어삼십삼천하여 영불타악도라하리 문수사
生於三十三天 永不墮惡道 文殊師

二〇

利 是 地 藏 菩 薩 摩 訶 薩 於 過 去 久 遠

不 可 說 不 可 說 劫 前 身 爲 大 長 者 子

時 世 有 佛 號 曰 獅 子 奮 迅 具 足 萬 行 如

來 時 長 者 子 見 佛 相 好 千 福 莊 嚴

因 問 彼 佛 作 何 行 願 而 得 此 相 時

獅 子 奮 迅 具 足 萬 行 如 來 告 長 者 子 欲

二一

證此身인데 當須久遠에 度脫一切受苦衆

生이라하시거늘 文殊師利야 時에 長者子因發誓言하되

我今盡未來際不可計劫에 爲是罪苦六

道衆生하여 廣設方便하여 盡令解脫코서 而我

自身이 方成佛道하리라 以是於彼佛前에 立

斯大願于今百千萬億那由他不可說劫에

尚爲菩薩이라이니 又於過去不可思議阿僧祇

劫에 時世有佛되하시 號曰覺華定自在王如

來니러시 彼佛壽命은 四百千萬億阿僧祇劫이라

像法之中에 有一婆羅門女하니 宿福이深

厚하여 衆所欽敬이며 行住坐臥에 諸天이衛

護니하더 其母信邪하여 常輕三寶어늘 是時聖女

二三

先佛塔寺에 大興供養 見覺華定自在

遂賣家宅 廣求香華 及諸供具 於

世에 不信因果라 計當隨業 必生惡趣

墮在無間地獄 時 婆羅門女知母在

此女母는 未全生信 不久命終 魂神이

廣設方便 勸喩其母 令生正見 而

二四

王如來하니 其形像이 在一寺中하되 塑畵威

容하고 端嚴畢備어늘 時에 婆羅門女瞻禮尊

容倍生敬仰하여 私自念言하되 佛名大覺이라

其一切智시니 若在世時런들 我母死後에 當

來問佛이면 必知處所하리라 時에 婆羅門女垂

泣良久하며 瞻戀如來더니 忽聞空中聲曰泣

二五

者聖女는 勿至悲哀하라 我今示汝母之去호리라 婆羅門女ㅣ 合掌向空하며 而白空曰是何神德이건대 寬我憂慮하소서 我自失母已來로 晝夜億戀호되 無處可問하야 知母生界호리다 時에 空中有聲하야 再報女曰我是汝所瞻禮者ㅣ 過去覺華定自在王如來러니 見汝憶母ㅣ 倍

者聖女 자성녀
勿至悲哀 물지비애 하라
我今示汝母之去 아금시여모지거
婆羅門女合掌向空 바라문녀합장향공 이백공왈시
處 처라하리
何神德 하신덕 이건
寬我憂慮 관아우려 하소서 아자실모이래 로
我自失母已來
畫夜億戀 주야억련 하되 무처가문 지모생계시다하이시에
無處可問知母生界
空中有聲 공중유성 하여 재보녀왈아시여소첨례자
再報女曰我是汝所瞻禮者 의
過去覺華定自在王如來 과거각화정자재왕여래 러니 견여억모배
見汝憶母倍

二六

於常情衆生之分 故來告示 婆羅門

女聞此聲已 擧身自撲 支節皆損

左右扶侍 良久方蘇 而白空曰 願佛

慈愍 速說我母生界 我今 身心

將死不久 時 覺華定自在王如來告

聖女曰 汝供養畢 但早返舍 端坐思

惟吾之名號하면 即當知母所生去處라하리 時에

婆羅門女尋禮佛已하고 即歸其舍하여 以憶

母故로 端坐念覺華定自在王如來하되 經

一日一夜러니 忽見自身이 到一海邊하니 其

水湧沸하고 多諸惡獸하되 盡復鐵身으로 飛走

海上하여 東西馳逐커든 見諸男子女人百千

二八

萬數出沒海中타가 被諸惡獸의 爭取食噉하며

又見夜叉其形이 各異하되 或多手多眼이며

多足多頭라 口牙外出하되 利刃如劍하여 驅

諸罪人하여 使近惡獸하며 復自搏攫하여 頭足

相就커든 其形이 萬類라 不敢久視라일러 時에

婆羅門女는 以念佛力故로 自然無懼러니

二九

有一鬼王하되 名曰無毒이라 稽首來迎하며 白

聖女曰善哉라 菩薩은 何緣으로 來此니까 時에

婆羅門女問鬼王曰此是何處니까 無毒이

答曰此是大에 鐵圍山西面第一重海니라

聖女問曰我聞鐵圍之內에 地獄在中더니

是事實不까니 無毒이 答曰實有地獄이니 聖

三〇

女問曰我今云何로 得到獄所까니 無毒이

答曰若非威神이면 即須業力니이리 非此二事면

終不能到니다 聖女又問하되 此水는 何緣으로

而乃湧沸하며 多諸罪人과 及以惡獸까니 無

毒이 答曰此是閻浮提造惡眾生의 新死

之者로 經四十九日하되 無人繼嗣爲作功

三一

德하여 救拔苦難하며 生時에 又無善因일새 當

據本業所感地獄하여 自然先度此海하며 海

東十萬由旬에 又有一海하되 其苦倍此하고

彼海之東에 又有一海하되 其苦復倍라

業惡因之所招感일새 共號業海니 其處是

也니다 聖女又問鬼王無毒曰地獄은 何在까이니

無毒이 答曰三海之内是大地獄이라 其數

百千이로 各各差別하니 所謂大者는 具有十

八하고 次有五百하되 苦毒이 無量이며 次有千

百하되 亦無量苦다이니 聖女又問大鬼王曰我

母死來未久니오 不知다커이 魂神이 當至何趣까이니

鬼王이 問聖女曰菩薩之母는 在生에 習

三三

何行業까입니 聖女答曰我母邪見하여 譏毀三

寶하며 設或暫信하여 旋又不敬니하더 死雖日淺이나

未知何處니다 無毒이 問曰菩薩之母는 姓

氏何等까입니 聖女答曰我父我母는 俱婆羅

門種이니 父號는 尸羅善見이요 母號는 悅帝

利다입니 無毒이 合掌하고 啓菩薩曰願聖者는

却返本處하사 無至憂憶悲戀 悅帝利罪

女生天以來로 經今三日다이니 云承孝順之

子爲母하여 設供修福하되 布施覺華定自在

王如來塔寺하니 非唯菩薩之母得脫地獄이라

應是無間에 此日罪人은 悉得受樂하여 俱

同生訖다이니 鬼王이 言畢에 合掌而退커늘 婆

三五

羅門女尋如夢歸하여 悟此事已하고 便於覺

華定自在王如來塔像之前에 立弘誓願하되

願我盡未來劫토록 應有罪苦衆生을 廣說

方便하여 使令解脫케하리라하니 佛告文殊師利하시되 時

鬼王無毒者는 當今財首菩薩이是요 婆

羅門女者는 即地藏菩薩이 是니라

三六

分身集會品 第二
분신집회품 제이 는

爾時에 百千萬億不可思不可議不可量
이시에 백천만억불가사불가의불가량

不可說無量阿僧祇世界所有地獄處에
불가설무량아승지세계소유지옥처에

分身地藏菩薩이 俱來集在忉利天宮이러시니
분신지장보살이 구래집재도리천궁이러시니

以如來神力故로 各以方面에 與諸得解
이여래신력고로 각이방면에 여제득해

脫하여 從業道出者亦各有千萬億那由他
탈하여 종업도출자역각유천만억나유타

願故로 各獲果證이라 旣至忉利하여 心懷踊

無休息가이라 以地藏菩薩의 廣大慈悲深誓

久遠劫來로 流浪生死하여 六道受苦잠

於阿耨多羅三藐三菩提라 是諸衆等이

等輩는 皆因地藏菩薩教化하시 永不退轉

數共持香華하여 來供養佛하시옵 彼諸同來

躍하여 瞻仰如來하여 目不暫捨러니 爾時에 世

尊이 舒金色臂하사 摩百千萬億不可思不

可議不可量不可說無量阿僧祇世界諸

分身地藏菩薩摩訶薩頂하시고 而作是言하사되

吾於五濁惡世에 敎化如是剛强衆生하여

令心調伏하여 捨邪歸正하되 十有一二는 尙

三九

在惡習일새 吾亦分身千百億하여 廣設方便이라하니

或有利根은 聞卽信受하고 或有善果는 勤

勸成就하며 或有暗鈍은 久化方歸하고 或有

業重은 不生敬仰이라 如是等輩眾生이 各

各差別일새 分身度脫하되 或現男子身하며 或

現女人身하며 或現天龍身하며 或現鬼神身하며

四〇

或現山林川源과 河池泉井하여 利及於人하여 悉皆度脫하며 或現帝釋身하며 或現梵王身하며 或現轉輪王身하며 或現居士身하며 或現國王身하며 或現宰輔身하며 或現官屬身하며 或現比丘比丘尼優婆塞優婆夷身과 乃至 聲聞羅漢辟支佛菩薩等身하여 而以化度니하노

非但佛身으로 獨現其身이라이니 汝觀吾累劫에

勤苦度脫如是等難化剛强 罪苦衆生하야

其有未調伏者隨業報應하야 若墮惡趣하야

受大苦時어든 汝當憶念吾在忉利天宮하야

慇懃付囑하야 令娑婆世界로 至彌勒出世

已來衆生이 悉使解脫하야 永離諸苦하고 遇

佛授記(불수기)라케하 爾時(이시)에 諸世界化身地藏菩薩(제세계화신지장보살)이

共復一形(공복일형)하여 涕淚哀戀(체루애연)하여 而白佛言(이백불언)하되 我(아)

從久遠劫來(종구원겁래)로 蒙佛接引(몽불접인)하여 使獲不可思(사획불가사)의

議神力(의신력)하여 具大智慧(구대지혜)일새 我所分身(아소분신)이 遍滿(변만)

百千萬億恒河沙世界(백천만억항하사세계)하여 每一世界(매일세계)에 化(화)

百千萬億身(백천만억신)하고 每一化身(매일화신)에 度百千萬億(도백천만억)

人하여 令歸敬三寶하며 永離生死하여 至涅槃
인 영귀경삼보 영리생사 지열반

樂되케하 但於佛法中所爲善事에 一毛一滴이며
락단어불법중소위선사 일모일적

一沙一塵이며 或毫髮許하도 我漸度脫하여 使
일사일진 혹호발허 아점도탈 사

獲大利케하니 唯願世尊이시 不以後世惡業衆
획대리 유원세존 불이후세악업중

生으로 爲慮하소 如是三白佛言하되 唯願世尊이시
생위려 여시삼백불언 유원세존

不以後世惡業衆生으로 爲慮하소 爾時에 佛이
불이후세악업중생위려 이시불

四四

讚地藏菩薩言하시되 善哉善哉라 吾助汝喜라하노

汝能成就久遠劫來로 發弘誓願하여 廣度

將畢하고 即證菩提라케하

觀衆生業緣品 第三

爾時에 佛母摩耶夫人이 恭敬合掌하사 問

地藏菩薩言하시되 聖者여 閻浮衆生의 造業

差別^과 所受報應^은 其事云何^{닛고} 地藏^이

答言^{하시되} 千萬世界^와 乃及國土^에 或有地

獄^{하며} 或無地獄^{하며} 或有女人^{하며} 或無女人^{하며}

或有佛法^{하며} 或無佛法^{하며} 乃至聲聞辟支

佛^도 亦復如是^{하니} 非但地獄罪報一等^{이니다}

摩耶夫人^이 重白菩薩^{되하시} 且願聞於閻浮

罪報로 所感惡趣이하나 地藏이 答言되하시 聖母시여

唯願聽受하소 我粗說之이다하리 佛母白言되하시 願

聖者는 說하소 爾時에 地藏菩薩이 白聖母

言되하시 南閻浮提의 罪報名號는 如是다니이 若

有衆生이 不孝父母하고 或至殺生하면 當墮

無間地獄하여 千萬億劫에 求出無期하며 若

四七

有衆生이 出佛身血커나 毀謗三寶하고 不敬

尊經하면 亦當墮於無間地獄하여 千萬億劫에

求出無期하며 若有衆生이 侵損常住커나 點

汚僧尼하며 或伽藍內에 恣行淫慾커나 或殺

或害하면 如是等輩는 當墮無間地獄하여 千

萬億劫求出無期하며 若有衆生이 偽作沙

門하되 心非沙門이라 破用常住하고 欺狂白衣하며

違背戒律하고 種種造惡하면 如是等輩는 當

墮無間地獄하여 千萬億劫에 求出無期하며

若有衆生이 偸竊常住하되 財物穀米와 飮

食衣服에 乃至一物이나 不與取者는 當墮

無間地獄하여 千萬億劫에 求出無期니다 地

四九

藏이 白言하되 聖母시여 若有衆生이 作如是

罪하면 當墮五無間地獄하여 求暫停苦도 一

念不得다이리 摩耶夫人이 重白地藏菩薩言하시되

云何名爲無間地獄이니 地藏이 白言하되 聖

母시여 諸有地獄이 在大鐵圍山之內하되 其大

地獄은 有一十八所요 次有五百하되 名號

各別하며 次有千百하되 名字各別와커니 無間獄

者는 其獄城이 周匝八萬餘里요 其城이

純鐵이며 高는 一萬里요 城上火聚少有空

闕하며 其獄城中에 諸獄이 相連하되 名號各

別이나 獨有一獄이 名曰無間이니 其獄은 周

匝萬八千里요 獄墻高는 一千里로되 悉是

五一

鐵圍라 上火徹下하고 下火徹上하며 鐵蛇鐵

狗吐火馳逐하되 獄墻之上에 東西而走하며

獄中에 有床하되 遍滿萬里어든 一人이 受罪하되

自見其身이 徧臥滿床하고 千萬人이 受罪하되

亦各自見身滿床上하나니 衆業所感으로 獲報

如是하며 又諸罪人이 備受衆苦할새 千百夜

叉 及以惡鬼口牙如劒 眼如電光

手復銅爪 抽腸剉斬 復有夜叉 執

大鐵戟 中罪人身 或中口鼻 或中

腹背 抛空翻接 或置床上 復有鐵

鷹 啗罪人目 復有鐵蛇 繳罪人頸

百肢節內 悉下長釘 拔舌耕犁 拖

拽罪人하며 洋銅灌口하고 熱鐵纏身하여 萬死

萬生니하나 業感如是라 動經億劫하여 求出無

期하며 此界壞時에 寄生他界하고 他界次壞하여

轉寄他方하며 他方壞時에는 展轉相寄라가 此

界成後에 還復而來하나 無間罪報는 其事

如是니다 又五事業感일새 故稱無間이니 何等이

五四

爲五 一者는 日夜受罪하여 以至劫數히

無時間絶일새 故稱無間이요 二者는 一人이

亦滿多人도 亦滿일새 故稱無間이요 三者는

罪器叉棒과 鷹蛇狼犬과 碓磨鉅鑿과 剉

斫鑊湯과 鐵網鐵繩과 鐵驢鐵馬를 生革으로

絡首하고 熱鐵로 澆身하며 飢吞鐵丸하고 渴飲

鐵汁하여 終年竟劫에 數那由他라도 苦楚相

連하여 更無間斷일새 故稱無間이요 四者는 不

問男子女人과 羌胡夷狄과 老幼貴賤과

或龍或神과 或天或鬼하고 罪行業感으로 悉

同受之할새 故稱無間이요 五者는 若墮此獄하면

從初入時로 至百千劫이 一日一夜에 萬

死萬生하여 求一念間의 暫住不得이라 除非
業盡사이라 方得受生이니 以此連綿일새 故稱無
間다입니 地藏菩薩이 白聖母言하시되 無間地獄을
粗說如是나이오 若廣說地獄罪器等名과 及
諸苦事인대 一劫之中에 求說不盡다입니 摩耶
夫人이 聞已에 愁憂合掌하시 頂禮而退하시니라

閻浮衆生業感品 第四

爾時에 地藏菩薩摩訶薩이 白佛言 世

尊 我承佛如來威神力故로 遍百千萬

億世界토록 分是身形하여 救拔一切業報衆

生하니 若非如來大慈力故면 卽不能作如

是變化이다 我今에 又蒙佛付囑와하시 至阿逸

多成佛已來 六道衆生을 遣令度脫케하니

唯然世尊은 願不有慮하소서 爾時에 佛告地

藏菩薩되시 一切衆生의 未解脫者는 性識이

無定하여 惡習으로 結業하고 善習으로 結果하여 爲

善爲惡에 逐境而生하여 輪轉五道하되 暫無

休息하며 動經塵劫하여 迷惑障難하나 如魚遊

五九

網將是長流脫入暫出又復遭網

以是等輩吾當憂念

汝旣畢是往願

累劫重誓廣度罪輩

是語時會中

有一菩薩摩訶薩名

吾復何慮說

定自在王白佛言世尊

地藏菩薩

累劫以來各發何願

今蒙世尊慇

六〇

慇讚歎 唯願世尊 略而說之 爾時

世尊 告定自在王菩薩 諦聽諦聽

善思念之 吾當爲汝 分別解說 乃

往過去無量阿僧祇那由他不可說劫

爾時有佛 號 一切智成就如來應供

正遍智明行足善逝世間解無上士調御

丈夫天人師佛世尊(장부천인사불세존)라이시 其佛壽命(기불수명)은 六萬(육만)劫(겁)이니 未出家時(미출가시)에 爲小國王(위소국왕)하여 與一隣國(여일인국)王(왕)으로 爲友(위우)하여 同行十善(동행십선)하여 饒益衆生(요익중생)하더니 其(기) 隣國內(인국내)에 所有人民(소유인민)이 多造衆惡(다조중악)커늘 二王(이왕)이 議計(의계)하고 廣設方便(광설방편)할새 一王(일왕)은 發願(발원)하여 早成(조성)佛道(불도)하여 廣度是輩(광도시배)하여 令使無餘(영사무여)리케하라 一王(일왕)은

發願하되 若不先度罪苦하여 令是安樂하여 得

至菩提하면 我終未願成佛이라하 佛告定自在

王菩薩하시 一王은 發願하여 早成佛者는 即

一切智成就如來시 一王은 發願하되 永

度罪苦眾生하고 未願成佛者는 即地藏菩

薩이 是니라 復於過去無量阿僧祇劫에 有

佛出世하더니 名은 淸淨蓮華目如來시라 其佛

壽命은 四十劫이니 像法之中에 有一羅漢하여

福度衆生할새 因次敎化라가 遇一女人하니 字

日光目이라 設食供養커늘 羅漢이 問之하되 欲

願何等인고 光目이 答言하되 我以母亡之日에

資福救拔하되 未知我母生處何趣니다 羅漢이

六四

愍之하사 爲入定觀하여 見光目女母 墮在

惡趣하여 受極大苦어늘 問光目言하되

汝母在生에 作何行業이건 今在惡趣受極

大苦요 光目이 答曰我母所習은 唯好食

噉魚鼈之屬하며 所食魚鼈에 多食其子하되

或炒或煮하여 恣情食噉하더니 計其命數하면 千

萬復倍(만부배)니다 尊者(존자)는 慈愍(자민)어하시 如何哀救(여하애구)서하소 羅(나)

漢(이)愍之(민지)하여 爲作方便(위작방편)하사 勸光目言(권광목언)하되 汝(여)

可志誠(가지성)으로 念淸淨蓮華目如來(염청정연화목여래)하고 兼塑畫(겸소화)

形像(형상)하면 存亡(존망)이 獲報(획보)라하리 光目(광목)이 聞已(문이)하고 即(즉)

捨所愛(사소애)하여 尋畫佛像(심화불상)하여 而供養之(이공양지)하고 復恭(부공)

敬心(경심)으로 悲泣瞻禮(비읍첨례)니하더 忽於夜後(홀어야후)에 夢見佛(몽견불)

身하니 金色晃耀하여 如須彌山하시며 放大光明하시고

而告光目되사 汝母不久하여 當生汝家하여 婢生

覺飢寒이면 卽當言說하시더라 其後家內에 繞

一子하니 未滿三日에 而乃言說하며 稽首悲

泣하여 告於光目하되 生死業緣으로 果報自受라

吾是汝母로니 久處暗冥하여 自別汝去로 累

墮大地獄니이러 今蒙福力하여 當得受生이나 爲

下賤人이요 又復短命이라 壽年十三에 更落

惡道하리 汝有何計하여 令吾脫免고 光目이

聞說하고 知母無疑하여 哽咽悲啼하며 而白婢

子하되 旣是我母인대 合知本罪하리 作何行業하여

墮於惡道잇가 婢子答言하되 以殺害毀罵二

六八

業受報호라 若非蒙福하여 救拔吾難이면 以是

業故로 未合解脫光目이 問言하되 地獄

罪報其事云何잇가 婢子答言하되 罪苦之事는

不忍稱說이라 百千歲中에 卒白難竟라니 光

目이 聞已하고 啼淚號泣하여 而白空界하되 願

我之母永脫地獄하여 畢十三歲는하고 更無重

六九

罪_죄 及歷惡道_{급력악도}시켸하시며 十方諸佛_{시방제불}이 慈哀愍我_{자애민아}하시

聽我爲母_{청아위모}하여 所發廣大誓願_{소발광대서원}하소 若得我母_{약득아모}

永離三途_{영리삼도}와 及斯下賤_{급사하천}과 乃至女人之身_{내지여인지신}하여

永劫不受者_{영겁불수자}면 願我自今日後_{원아자금일후}로 對淸淨_{대청정}

蓮華目如來像前_{연화목여래상전}하여 却後百千萬億劫中_{각후백천만억겁중}에

應有世界_{응유세계}의 所有地獄_{소유지옥}과 及三惡道諸罪_{급삼악도제죄}

苦衆生을 誓願救拔하여 令離地獄惡趣畜

生餓鬼等하고 如是罪報等人이 盡成佛竟

然後에사 我方成正覺하리다 發誓願已에 具聞

清淨蓮華目如來之說이라 而告之曰光目아

汝大慈愍으로 善能爲母하여 發如是大願일새

吾觀하니 汝母十三歲畢하면 捨此報已하고 生

爲梵志하여 壽年百歲하고 過是報後에는 當生

無憂國土하여 壽命은 不可計劫이라 後成佛

果하여 廣度人天하되 數如恒河沙니라 佛告定

自在王되하시 爾時에 羅漢이 福度光目者는

卽無盡意菩薩이 是요 光目母者는 卽解

脫菩薩이 是요 光目女者는 卽地藏菩薩이

是시라 過去久遠劫中에 如是慈愍하여 發恒

河沙願하사 廣度衆生라하니 未來世中에 若有

男子女人의 不行善者와 行惡者 乃至

不信因果者와 邪婬妄語者와 兩舌惡口

者와 毀謗大乘者인 如是諸業衆生은 必

墮惡趣니하리 若遇善知識하여 勸令一彈指間도이라

歸依地藏菩薩면케하 是諸衆生이 卽得解脫

三惡道報니하리 若能至心歸敬하며 及瞻禮讚

歎하고 香華衣服과 種種珍寶와 或復飲食으로

如是奉事者는 未來百千萬億劫中에 常

在諸天하여 受勝妙樂니하리 若天福盡하여 下生

人間도이라 猶百千劫을 常爲帝王하여 能憶宿

七四

命因果本末하리 定自在王아 如是地藏菩

薩이 有如此不可思議大威神力하여 廣利

衆生하니 汝等諸菩薩은 當記是經하여 廣宣

流布하라 定自在王이 白佛言하사 世尊이시여 願

不有慮하소서 我等千萬億菩薩摩訶薩이 必

能承佛威神하사 廣演是經하여 於閻浮提에

利益衆生(이익중생)이다리 定自在王菩薩(정자재왕보살)이 白世尊已(백세존)고하시

合掌恭敬(합장공경)하시며 作禮而退(작례이퇴)라하니 爾時(이시)에 四方天(사방천)이시

王(왕)이 俱從座起(구종좌기)하여 合掌恭敬(합장공경)하고 白佛言(백불언)하시되

世尊(세존)이시여 地藏菩薩(지장보살)이 於久遠劫來(어구원겁래)에 發如(발여)

是大願(시대원)하되 云何至今(운하지금)에 猶度未絶(유도미절)하여 更發(갱발)

廣大誓願(광대서원)이까하시나 唯願世尊(유원세존)이시 爲我等說(위아등설)하소 佛(불)

告四天王 善哉善哉라 吾今에 爲汝及
고사천왕되하시 선재선재라 오금에 위여급

未來現在天人衆等하여 廣利益故로 說地
미래현재천인중등하여 광이익고로 설지

藏菩薩이 於娑婆世界閻浮提內生死道
장보살이 어사바세계염부제내생사도

中에 慈哀救拔하여 度脫一切罪苦衆生하는
중에 자애구발하여 도탈일체죄고중생하는

方便之事라하리 四天王이 言되하시 唯然世尊여
방편지사라하리 사천왕이 언되하시 유연세존여

願樂欲聞이하나다 佛告四天王되하시 地藏菩薩이
원요욕문이하나다 불고사천왕되하시 지장보살이

七七

久遠劫來로 迄至于今히 度脫衆生하되 猶

未畢願하여 慈愍此世罪苦衆生하며 多觀未

來無量劫中에 因蔓不斷일새 以是之故로

又發重願하나 如是菩薩은 於娑婆世界閻

浮提中에 百千萬億方便으로 而爲敎化니라

四天王아 地藏菩薩이 若遇殺生者하면 說

宿殃短命報하고 若遇竊盜者하면 說貧窮苦

楚報하고 若遇邪婬者하면 說雀鴿鴛鴦報하고

若遇惡口者하면 說眷屬鬪諍報하고 若遇毀

謗者하면 說無舌瘡口報하고 若遇瞋恚者하면

說醜陋癃殘報하고 若遇慳恪者하면 說所求

違願報하고 若遇飮食無度者하면 說飢渴咽

七九

病報하고 若遇畋獵恣情者하면 說驚狂喪命

報하고 若遇悖逆父母者하면 說天地災殺報하고

若遇燒山林木者하면 說狂迷取死報하고 若

報하고 若遇網捕生雛者하면 說骨肉分離報하고

遇前後父母惡毒者하면 說返生鞭撻現受

若遇毀謗三寶者하면 說盲聾瘖瘂報하고 若

八〇

遇輕法慢教者하면 說永處惡道報하고 若遇

破用常住者하면 說億劫輪廻地獄報하고 若

遇汚梵誣僧者하면 說永在畜生報하고 若遇

湯火斬斫傷生者하면 說輪廻遞償報하고 若

遇破戒犯齋者하면 說禽獸飢餓報하고 若遇

非理毀用者하면 說所求闕絶報하고 若遇吾

八一

我貢高者하면 說卑使下賤報하고 若遇兩舌

鬪亂者하면 說無舌百舌報하고 若遇邪見者하면

說邊地受生報니하나 如是等閻浮提衆生의

身口意業惡習結果로 百千報應을 今廳廳

略說니하나 如是等閻浮提衆生의 業感差別을

地藏菩薩이 百千方便으로 而教化之는언마 是

諸衆生이 先受如是等報하고 後墮地獄하여

動經劫數하되 無有出期니 是故로 汝等은

護人護國하여 無令是諸衆業으로 迷惑衆生라케하

四天王이 聞已에 涕淚悲歎하시 合掌而退하니라

地獄名號品 第五

爾時에 普賢菩薩摩訶薩이 白地藏菩薩

八三

言하시되 仁者여 願爲天龍八部와 及未來現

在一切衆生어하시 說娑婆世界와 及閻浮提

罪苦衆生의 所受報處地獄名號와 及惡

報等事어하시 使未來世末法衆生으로 知是果

報 地藏이 答言하시되 仁者여 我今에 承佛

威神과 及大士之力하여 略說地獄名號와

八四

及罪報之事이하리다 仁者여 閻浮提東方에 有山하되 號曰鐵圍니 其山이 黑邃하여 無日月光하고 有大地獄하되 號를 極無間이요 又有地獄하되 名曰大阿鼻요 復有地獄하되 名曰四角이요 復有地獄하되 名曰飛刀요 復有地獄하되 名曰火箭이요 復有地獄하되 名曰夾山이요 復

有地獄하되 名曰通槍이요 復有地獄하되 名曰鐵車요 復有地獄하되 名曰鐵牛요 復有地獄하되 名曰鐵衣요 復有地獄하되 名曰千刃이요 復有地獄하되 名曰鐵床이요 復有地獄하되 名曰鐵驢요 復有地獄하되 名曰洋銅이요 復有地獄하되 名曰抱柱요 復有地獄하되 名曰流

火요 復부有유地지獄옥하되 名명曰왈耕경舌설이요 復부有유地지獄옥하되 名명曰왈剉좌首수요 復부有유地지獄옥하되 名명曰왈燒소脚각이요 復부有유地지獄옥하되 名명曰왈啗담眼안이요 復부有유地지獄옥하되 名명曰왈鐵철丸환이요 復부有유地지獄옥하되 名명曰왈諍쟁論론이요 復부有유地지獄옥하되 名명曰왈鐵철銖수요 復부有유地지獄옥하되 名명曰왈多다瞋진이니 地지藏장菩보薩살이 又우言언하시되 仁인者자여 鐵철圍위之지內내에

有如是等地獄하되 其數無限이라 更有叫喚

地獄과 拔舌地獄과 糞尿地獄과 銅鎖地

獄과 火象地獄과 火狗地獄과 火馬地獄과

火牛地獄과 火山地獄과 火石地獄과 火

床地獄과 火梁地獄과 火鷹地獄과 鉅牙

地獄과 剝皮地獄과 飲血地獄과 燒手地

獄과 燒脚地獄과 倒刺地獄과 火屋地獄과

鐵屋地獄과 火狼地獄인 如是等地獄든

其中에 各各復有諸小地獄하되 或一或二며

或三或四로 乃至百千이 其中名號는 各

各不同다이니 地藏菩薩이 又告普賢菩薩言하되

仁者는 此等은 皆是南閻浮提行惡衆生의

八九

業感으로 如是라 業力이 甚大하여 能敵須彌하며

能深巨海하며 能障聖道니하나 是故로 衆生은

莫輕小惡하여 以爲無罪니일지 死後有報하여 纖

毫受之니하나 父子至親이라 岐路各別하며 縱然

相逢하여 無肯代受니다 我今에 承佛威力어하시

略說地獄罪報之事니하리 唯願仁者는 暫聽

是言하소 普賢菩薩이 答言하시 吾以久知三

惡道報나 望仁者說은 令後世末法一切

惡行衆生으로 聞仁者說하여 使令歸向佛法이케하나이다

地藏菩薩이 白言하시 仁者여 地獄罪報其

事如是하니 或有地獄은 取罪人舌하여 使牛

耕之하며 或有地獄은 取罪人心하여 夜叉食

九一

之하며 或有地獄은 紀湯盛沸하여 煮罪人身하며

或有地獄은 赤燒銅柱로 使罪人抱하며 或

有地獄은 飛猛火聚하여 癲及罪人하며 或有

地獄은 一向寒氷이며 或有地獄은 無限糞

尿며 或有地獄은 飛鐵鏃鏫하며 或有地獄은

多眺火槍하며 或有地獄은 椎撞胸背하며 或

有地獄은 俱燒手足하며 或有地獄은 盤繳鐵蛇하며 或有地獄은 驅逐鐵狗하며 或有地獄은 盡駕鐵驢니다 仁者여 如是等報로 各各獄中에 有百千種業道之器하되 無非是銅是鐵이며 是石是火니 此四種物은 衆業行感다이니 若廣說地獄罪報等事인대 一一獄

유지옥 구소수족 혹유지옥 반교철사 혹유지옥 구축철구 혹유지옥 진가철려 인자여 여시등보로 각각옥중에 유백천종업도지기 무비시동시철 시석시화 차사종물은 중업행감다이니 약광설지옥죄보등사인대 일일옥

中에 更有百千種苦楚어든 何況多獄이리오 我

今에 承佛威神과 及仁者問하여 略說如是어니

若廣解說는인대 窮劫不盡이니다

如來讚歎品 第六

爾時에 世尊이 擧身放大光明하사 遍照百

千萬億恒河沙等諸佛世界며하시 出大音聲하사

普告諸佛世界一切諸菩薩摩訶薩 及

天龍鬼神人非人等 聽吾今日 稱揚

讚歎地藏菩薩摩訶薩 於十方世界 救護一

現大不可思議威神慈悲之力

切罪苦之事 吾滅度後 汝等諸菩薩

大士 及天龍鬼神等 廣作方便 衛

九五

護是經하며 令一切衆生으로 離一切苦하고 證

涅槃樂라케하 說是語已늘 會中에 有一菩薩하니

名曰普廣이라 合掌恭敬하야 而白佛言되 今

見世尊이 讚歎地藏菩薩의 有如是不可

思議大威神力하시오니 唯願世尊이시여 爲未來世

末法衆生하사 宣說地藏菩薩의 利益人天

因果等事하여 使諸天龍八部와 及未來世
衆生으로 頂受佛語케하야 爾時에 世尊이 告普
廣菩薩과 及四衆等하시 諦聽諦聽하라 吾當
爲汝하여 略說地藏菩薩의 利益人天福德
之事라하리 普廣이 白言하시 唯然世尊이시 願樂
欲聞이하나다 佛告普廣菩薩하시 未來世中에 若

有善男子善女人이 聞是地藏菩薩摩訶薩名者와 或合掌者와 讚歎者와 作禮者 戀慕者는 是人이 超越三十劫罪라하리 普廣아 若有善男子善女人이 或彩畫形像커나 或土石膠漆과 金銀銅鐵로 作此菩薩하여 一瞻一禮者는 是人이 百返生於三十三天하여

永不墮於惡道_{영불타어악도}니하리

假如天福_{가여천복}이 盡故_{진고}로 下_하

生人間_{생인간}이라 猶爲國王_{유위국왕}하여 不失大利_{불실대리}라하리

若有 女人_{여인}이 厭女人身_{염여인신}하여 盡心供養地藏菩薩_{진심공양지장보살}

畫像_{화상}과 及土石膠漆銅鐵等像_{급토석교칠동철등상}하되 如是日_{여시일}

日不退_{일불퇴}하여 常以華香飮食_{상이화향음식}과 衣服繪綵_{의복증채}와

幢幡錢寶等物_{당번전보등물}로 供養_{공양}하면 是善女人_{시선여인}이 盡

九九

此一報女身하고 百千萬劫에 更不生有女

人世界어든 何況復受女身요이리 除慈悲願力

故로 要受女身하여 度脱衆生하고 承斯供養

地藏菩薩之力과 及功德力故로 百千萬

劫에 更不復受女人之身라하리 復次普廣아

若有女人이 厭是醜陋하며 多疾病者하여 但

於地藏菩薩像前에 至心瞻禮食頃之間도이라

是人은 千萬劫中에 所受生身이 相貌圓滿하고 無諸疾病하며

是醜陋女人이 如不厭是女身하면 即百千萬億劫生中에 常爲王女와 乃及王妃와 宰輔大姓大長者女하여 端正受生하고 諸相이 圓滿니하리 由至心故로

瞻禮地藏菩薩하면 獲福如是라하리 復次普廣아
첨례지장보살 획복여시 부차보광

若有善男子善女人이 能對地藏菩薩像
약유선남자선여인 능대지장보살상

前하여 作諸妓樂하며 及歌詠讚歎하고 香華供
전 작제기악 급가영찬탄 향화공

養하되 乃至勸於一人多人하여 如是等輩는
양 내지권어일인다인 여시등배

現在世中과 及未來世에 常得百千鬼神이
현재세중 급미래세 상득백천귀신

日夜衛護하여 不令惡事로 輒聞其耳케함하나이케
일야위호 불령악사 첩문기이

何
하

況親受諸橫이리

復次普廣아 未來世中에

若有惡人과 及惡神惡鬼見有善男子善

女人의 歸敬供養讚歎瞻禮地藏菩薩形

像하고 或妄生譏毀하며 謗無功德과 及利益

事라하 或露齒笑커나 或背面非커나 或勸人共

非하며 或一人非커나 或多人非커나 乃至一念이나

生譏毀者면 如是之人은 至賢劫千佛滅

度之後하여 譏毀罪報로 尚在阿鼻地獄하여

受極重罪며하리 過是劫已코는 方受餓鬼하며 又

經千劫하여 復受畜生하며 又經千劫하여 方得

人身니하나 縱得人身하여 貧窮下賤하고 諸根이

不具하며 多被惡業이 來結其身하여 不久之

間에 復墮惡道니하리 是故로 普廣아 譏毀他

人供養하여 尚獲此報어든 何況別生惡見毀

滅요이리 復次普廣아 若未來世에 有男子女

人이 久患狀枕하여 求生求死호대 了不可得하며

或夜夢에 惡鬼乃及家親하며 或遊險道하며

或多魘寐魅하여 共鬼神遊하며 日月歲深하되

轉復尫瘵하여 睡中叫喚하여 悽慘不樂者는

此皆是業道論對에 未定輕重하여 或難捨

壽하며 或不得愈하여 男女俗眼이 不辨是事니하니

但當對諸佛菩薩像前하여 高聲轉讀此經

一遍커나 或取病人의 可愛之物나이어 或衣服

寶貝와 莊園舍宅을 對病人前하여 高聲唱

一〇六

言하되 我某甲等이 爲是病人하여 對經像前하여

捨하되 諸等物하되 或供養經像커나 或造佛菩

薩形像커나 或造塔寺커나 或燃油燈커나 或施

常住하거나 如是三白病人하여 遣令聞知하면 假

令諸識이 分散하여 至氣盡者라도 一日二日

三日四日로 乃至七日히 但高聲白事하며

高聲讀經하면 是人은 命終之後에 宿殃重

罪로 至于五無間罪라도 永得解脫하며 所受

生處에 常知宿命니하리 何況善男子善女人이

自書此經커나 或教人書하며 或自塑畫菩薩

形像커나 乃至教人塑畫요이리 所受果報는 必

獲大利니하리 是故로 普廣아 若見有人이 讀

誦是經커나 乃至一念이나 讚歎是經하며 或恭
敬是經者어든 汝須百千方便으로 勸是等人하되
勤心莫退하면 能得未來現在에 百千萬億
不可思議功德이라하리 復次普廣아 若未來世
界에 諸衆生等이 或夢或寐에 見諸鬼神과
乃及諸形의 或悲或啼하며 或愁或歎하며 或

悲或怖니하나 此는 皆是一生十生과 百生千

生의 過去父母와 男女弟妹와 夫妻眷屬이

在於惡趣하여 未得出離로되 無處希望福力으로

求拔苦惱일새 當告宿世骨肉하여 使作方便하여

願離惡道니하나 普廣아 汝以神力으로 遣是眷

屬하여 令對諸佛菩薩像前하여 至心으로 自讀

此經커나 或請人讀하여 其數三遍커나 或至七
遍하면 如是惡道眷屬이 經聲의 畢是遍數하면
當得解脫하여 乃至夢寐之中에 永不復見하리라
復次普廣아 若未來世에 有諸下賤等人의
或奴或婢와 乃至諸不自由之人이 覺知
宿業하고 要懺悔者至心瞻禮地藏菩薩形

像하여 乃至어 於一七日中에 念菩薩名하여 可

滿萬遍하면 如是等人은 盡此報後千萬生

中에 常生尊貴하여 更不經歷三惡道苦라하리

復次普廣아 若未來世中閻浮提內에 刹

利婆羅門長者居士一切人等과 及異姓

種族에 有新生者或男或女어든 七日之中에

早與讀誦此不可思議經典하고 更爲念菩
薩名號하되 可滿萬遍하면 是新生子或男或
女의 宿有殃報를 便得解脫하여 安樂易養하고
壽命이 增長하며 若是承福生者면 轉增安
樂하며 及與壽命하리라 復次普廣아 若未來世
衆生이 於月一日八日 十四日十五日

一一三

十八日二十三과 二十四二十八日과 二

十九日乃至三十日인 是諸日等은 諸罪

結集하여 定其輕重하나 南閻浮提衆生의 擧

止動念이 無不是業이며 無不是罪어든 何況

恣情으로 殺生竊盜하며 邪淫妄語하는 百千罪

狀오이리 若能於是十齋之日에 對佛菩薩과

一一四

及諸賢聖像前하여 轉讀是經一遍하면 東西
南北百由旬內에 無諸災難하며 當此居家에
若長若幼커나 現在未來百千世中에 永離
惡趣이니할것 能於十齋日에 每轉一遍하면 現世에
令此居家로 無諸橫病하고 衣食이 豊溢이니할것
是故로 普廣아 當知하라 地藏菩薩이 有如

一一五

是等不可說百千萬億大威神力利益之
事하니 閻浮眾生이 於此大士에 有大因緣하니
是諸眾生이 聞菩薩名커나 見菩薩像커나 乃
至聞是經三字五字어나 或一偈一句者는
現在에 殊妙安樂하며 未來之世百千萬生에
常得端正하여 生尊貴家라하리 爾時에 普廣菩

薩이 聞佛如來의 稱揚讚歎地藏菩薩하시고

胡跪合掌하여 復白佛言하시되 世尊이시여 我久知

是大士의 有如此不可思議神力과 及大

誓願力하옵고 爲未來衆生하여 遣知利益故問이고

如來나니 世尊이시 當何名此經이며 使我로 云

何流布하리 唯願頂受이하나이다 佛告普廣하시되 此經이

一一七

凡有三名하니 一名은 地藏本願이요 亦名地
藏本行이며 亦名地藏本誓力經이니 緣此菩
薩이 久遠劫來에 發大重願하여 利益衆生하니
是故로 汝等은 依願流布하라 普廣菩薩이
聞已信受하고 合掌恭敬하시 作禮而退라하니

一一八

한글 지장보살본원경 上

무비스님

제1, 도리천에서 신통을 보이다[忉利天宮神通品]

저는 이와 같은 내용들을 보고 들었습니다.

어느날 부처님께서 도리천에서 어머님을 위해 법을 설하시었는데, 이 때에 사방에서 말로는 다 표현할 수 없이 많은 부처님과 훌륭하신 보살님들이 모두 이 곳에 모여 와서 찬탄하기를 "석가모니 부처님께서는 오탁악세(五濁惡世)에서 불가사의한 큰 지혜와 신통한 힘을 나타내시어 억세고 거친[剛强] 중생들을 능히 조복하여 즐거움과 괴로움의 도리를 알게 하신다."라고 하시면서 모두 시자들을 보내와서 세존께 문안을 드리게 하였다.

이 때에 여래께서는 웃음을 머금으시고 백천만억의 큰 광명을 놓으시었다. 이른바 크고 원만한 광명과 큰 자비의 광명과 큰 지혜의 광명과 큰 반야의 광명과 큰 삼매의 광명과 큰 길상의 광명과 큰 복덕의 광명과 큰 공덕의 광명과 크게 귀의하는 광명과 크게 찬탄하는 광명이었다.

이처럼 말로는 다 나타낼 수 없는 많은 광명을 놓으신 뒤에 또한 갖가지의 미묘한 음성을 내시었다. 이른바 단나바라밀의 음성과 시라바라밀의 음성과 찬제바라밀의 음성과 비리야바라밀의 음성과 선나바라밀의 음성과 반야바라밀의 음성과 자비의 음성과 해탈의 음성과 무루의 음성과 지혜의 음성과 대지혜의 음성과 사자후의 음성과 대사자후의 음성과 우뢰의 음성과 큰 우뢰의 음성이었다.

이처럼 말로는 다할 수 없는 소리를 내시니 사바세계와 다른 국토에 있는 무량억의 천신과 용과 귀신들도 또한 도리천궁에 모여들었다. 이른바 사천왕천 도리천 수염마천 도솔타천 화락천 타화자재천 범중천 범보천 대범천·소광

천·무량광천·광음천·소정천·무량정천·변정천·복생천·복애천·광과천·엄식천·무량엄식천·엄식과실천·무상천·무번천·무열천·선견천·선현천·색구경천·마혜수라천 내지 비상비비상처천의 일체 천신 대중들과 용의 대중들과 귀신의 대중들까지 모두 와서 모였다.

또 다시 다른 곳의 국토와 사바세계에 있는 바다의 신과 강의 신과 하천의 신과 나무의 신과 산의 신과 땅의 신과 천택의 신과 곡식의 신과 낮의 신과 밤의 신과 허공의 신과 천신과 음식신과 초목신과 같은 이러한 신들도 모두 와서 법회에 모였다.

또 다시 다른 곳의 국토와 사바세계의 모든 큰 귀신의 왕들이 있었다. 이른바 무서운 눈을 한 귀왕과 피를 먹는 귀왕과 정기를 태와 알을 먹는 귀왕과 병을 뿌리고 다니는 귀왕과 독기를 거두어들이는 귀왕과 자비한 마음을 가진 귀왕과 복과 이익을 주는 귀왕과 매우 사랑스럽고 공경할 만한 귀왕 등 이러한 귀왕들이 모두 와서 법회에 모였다.

그 때에 석가모니 부처님께서는 문수사리 법왕자 보살마하살에게 이르시기를 "그대는 이러한 여러 부처님과 보살과 천룡과 귀신과 이 세계와 저 세계, 이 국토와 다른 국토에서 이처럼 지금 도리천에 와서 법회에 모인 것을 보고 그대는 그 수를 알 수 있겠느냐?"

문수사리가 부처님께 사뢰어 말씀드리되 "세존이시여, 저의 신력으로서는 천겁을 두고 헤아린다 하더라도 그 수를 알 수가 없습니다."

부처님께서 문수사리에게 이르시되 "내가 부처의 눈으로 보더라도 오히려 다 헤아리지 못한다. 이것은 모두 지장보살이 오랜 세월 동안 이미 제도했거나 지금 제도 중이거나 앞으로 제도할 이들이며, 이미 성취시켰거나 지금 성취 중이거나 앞으로 성취시킬 이들이다."

문수사리가 부처님께 사뢰어 말씀드리되 "세존이시여, 저는 과거로부터 오랫동안 선근을 닦아서 걸림이 없는 지혜를 증득하였으므로 부처님께서 하시는 말씀을 듣고 곧 당연히 그대로 믿겠습니다만 수행이 작은 성문과 천룡 팔부와 미래세의 모든 중생들은 비록 여래의 진실한 말씀을 듣더라도 반드시 의혹을 품을 것이며, 설사 받아 가지더라도 비방받는 것을 면하지 못할 것입니다. 바라건대 세존께서는 지장보살마하살이 처음 수행 할 때〔因地〕에 어떠한 수행을 하였으며 어떠한 서원(誓願)을 세워서 이처럼 불가사의한 일을 성취하였는지 자세히 말씀하여 주십시오."

부처님께서 문수사리 보살에게 말씀하시되 "비유하자면 삼천대천세계에 있는 풀과 나무와 숲과 벼와 삼과 대나무와 갈대와 산과 돌과 미진의 이 많은 것 중에, 한 가지 물건을 하나로 계산하고 그 하나를 한 개의 항아로 여겨서 한 항하의 모래 하나하나를 한 세계라고 하고, 그 한 세계 안에 있는 한 개의 먼지를 일 겁으로 삼고 그 겁 안에 쌓여있는 먼지의 수를 모두 겁이라고 한다 하더라도, 지장보살이 보살의 가장 높은 지위인 십지과위(十地果位)를 증득한 시간은 위에서 비유한 수보다 천 배도 더 오래거늘 하물며 지장보살이 성문과 벽지불지에서 행한 일을 어찌 다 비유할 수 있겠는가.

문수사리여! 이 지장보살의 위신력과 서원은 생각으로 헤아릴 수가 없다. 만약 미래세에 선남자와 선여인이 있어서 이 보살의 이름을 듣고 혹 찬탄하든지, 혹 우러러 예배하든지, 혹 이름을 일컫든지, 혹 공양하든지, 아니면 그림으로 형상을 그리거나 조각하여 만들거나 옻칠을 올리게 되면 이 사람은 마땅히 백번이라도 삼십삼천에 태어나서 영원히 악도에 떨어지지 아니할 것이다.

문수사리여! 이 지장보살마하살은 과거 오랜 세월 말로는 다할 수 없는 겁 전에 장자의 아들이 되었었다. 그 때에 부처님이 계셨으니 이름을 '사자분신구족만행여래' 라고 하였다. 그 때 장자의 아들이 부처님의 상호가 온갖 복으로 장엄하였음을 보고 그 부처님에게 묻기를 '어떠한 행원(行願)을 지어서 이러한 상호를 얻으셨습니까?' 하고 물었더니, 그 때에 사자분신구족만행여래께서 장자의 아들에게 말씀하시기를 '이러한 몸을 증득하고자 한다면 마땅히 오랜 세월 동안 일체의 고통을 받는 중생들을 제도하여 해탈시켜야 된다.'라고 하시었다.

문수사리여! 그 때 장자의 아들은 그 말씀으로 인하여 맹서를 발하여 말하기를 "나는 지금부터 미래세의 헤아리지 못할 겁이 다할 때까지 이러한 죄로 고생하는 육도의 중생을 위하여 널리 방편을 베풀어 그들로 하여금 모두 해탈하게 하고 나 자신도 꼭 불도를 성취할 것이다."라고 하였다. 그 부처님 앞에서 이러한 큰 서원을 세웠기 때문에 지금까지 백천만억 나유타인 말로는 표현할 수 없는 많은 겁을 지내도 오히려 보살이 되어 있다.

또 과거의 생각할 수 없는 아승지겁 때에 부처님이 계셨는데 이름을 각화정자재왕여래이고, 그 부처님의 수명은 사백천만억 아승지겁이나 된다. 상법(像法) 가운데 한 바라문의 딸이 있어 숙세에 복이 심후하여 뭇 사람들이 공경하는 바이며 행주좌와(行住坐臥)에 제천이 호위하였다. 그런데 그의 어머니는 사도(邪道)를 믿어 항상 삼보를 가볍게 여기었다. 이 때에 그의 딸 성녀(聖女)가 널리 방편을 베풀어서 그 어머니를 권유하여 그로 하여금 바른 소견이 생기게 하였지만 이 여자의 어머니는 전혀 믿음이 생기지 않더니 오래지 아니하여 목숨을 마친 뒤에 영혼이 무간지옥에 떨어져 버렸다.

그 때 바라문의 딸은 자신의 어머니가 세상에 계실 적에 인과를 믿지 아니했으니 마땅히 업에 따라 악취에 날 것을 짐작하여 드디어 가택을 팔아서 향과 꽃과 여러 가지 공양 거리들을 널리 구하여서 과거 부처님의 탑에 크게 공양을 올렸다. 그러다가 각화정자재왕여래를 뵈니 그 형상이 절에 계시되 불상과 탱화의 위엄스러운 얼굴이 단정하고 엄숙함을 구비하셨다.

그 때 바라문의 딸이 높으신 얼굴에 우러러 예배하고 존경하는 마음이 갑절이나 생겨서 가만히 스스로 생각하기를 '부처님의 이름은 대각(大覺)이라, 모든 지혜를 갖추었으니 만약 세상에 그대로 계셨더라면 내 어머니가 돌아가신 뒤에 만일 부처님께 물었더라면 반드시 가신 곳을 알았을 것이다.'라고 하였다.

이 때 바라문의 딸이 오래도록 슬피 울며 여래를 쳐다보면서 그리워하였더니 홀연히 공중에서 소리가 들려오기를 "울고 있는 자 성녀야, 너무 슬퍼하지 말아라. 내가 지금 너의 어머니의 간 곳을 보여 주마."라고 하였다.

바라문의 딸이 합장하고 공중을 향하여 하늘에 아뢰기를 '이 어떠한 신의 덕으로 제 걱정을 풀어 주시려 합니까? 저는 어머니가 돌아가신 뒤로 밤낮 생각하였으나 어머니의 태어나신 곳을 물을 곳이 없었습니다.'

그 때 공중에서 소리가 들려와 두 번째 알려주기를 '나는 바로 네가 예배하던 과거의 각화정자재왕여래다. 네가 어머니를 생각하는 정이 보통 중생의 정보다 갑절이나 됨을 보았으므로 너에게 알리는 것이다.' 고 하였다.

바라문의 딸은 이 소리를 듣자마자 너무 감동한 나머지 몸을 들어 스스로 부딪혀서 팔과 다리가 모두 상하였으므로 좌우에서 붙들어 일으키니 오랜만에 깨어나서는 공중을 향하여 아뢰기를 '원컨대 부처님께서는 자비로써 불쌍하게 여기시어 빨리 저의 어머니가 태어난 세계를 말씀하여 주십시오. 제 지금의 심신은 오래지 않아서 죽을 것 같습니다.'

그 때 각화정자재왕여래께서 성녀에게 이르시기를 '너는 공양을 마치거든 다만 일찍이 집으로 돌아가서 단정하게 앉아 나의 명호를 생각하면 곧 너의 어머니가 태어나서 간 곳을 알게 될 것이다.' 고 하였다.

이 때 바라문의 딸은 부처님께 예배하기를 마치고 곧 그의 집으로 돌아와서 어머니를 생각하여 단정히 앉아 각화정자재왕여래를 생각하면서 하룻밤 하루 낮을 지냈는데, 문득 자기 몸이 한 바닷가에 이르렀다.

그 바닷물이 끓어오르고 많은 악한 짐승들이 모두 쇠로 된 몸을 하고 해상을 날아다니면서 동서로 쫓아다니고 남자와 여인 백천만 명이 바다 가운데로 들어갔다가 나왔다가 하다가 온갖 악한 짐승들에게 잡아 먹히는 것이 보이며, 또한 야차가 있는데 그 모양이 각각 달라서 손이 많은 것과 눈이 많은 것과 발이 많은 것과 머리가 많은 것과 어금니가 밖으로 튀어나와서 날카롭기가 칼날 같은 것들이 죄인들을 몰아서 악한 짐승들에게 가깝게 대어주며, 다시 스스로 치고 받아서 머리와 다리가 서로 엉키는 등 그 모양이 만 가지나 되어 감히 오래 볼 수가 없었다. 그러나 이 때 바라문의 딸은 염불하는 힘 때문에 자연 두려움이 없었다.

한 귀왕이 있어 이름을 무독이라 불렀는데 머리를 조아리며 와서 성녀를 영접하면서 하는 말이 '착하신 보살이시여, 어떠한 연유로 이 곳에 오셨습니까?'

이 때 바라문의 딸이 귀왕에게 묻기를 '이 곳은 어디입니까?'

무독이 대답하기를 '이 곳은 대철위산의 서쪽에 있는 첫째 바다입니다.'

성녀가 묻기를 '내가 들으니 철위산 안에 지옥이 있다고 하는데 이것이 사실입니까?'

무독이 대답하기를 '실제 지옥이 있습니다.'

성녀가 묻기를 '내가 어찌하여 지옥이 있는 곳에 오게 되었습니까?'

무독이 대답하기를 '만약 위신력이 아니면 곧 업력일 것입니다. 이 두 가지가 아니면 끝내 이곳에는 오지 못할 것입니다.' 라고 하였다.

성녀가 또 묻기를 '이 물은 무슨 연유로 끓어오르며 어찌하여 죄인들과 악한 짐승들이 많습니까?'

무독이 대답하기를 '이것들은 염부제에서 악을 지은 중생들로서 죽은 지 사십구일이 지나도록 그 자식이 망자를 위해 공덕을 지어서 고난으로부터 구제해 줄 사람이 없으며, 살았을 때 또한 선한 인연이 없으므로 마땅히 본래의 업을 감수함에 따라 지옥으로 가는데 자연히 이 바다를 건너야 됩니다.

바다 동쪽으로 십만 유순을 지나면 또 하나의 바다가 있는데 그 곳의 고통은 이 곳보다 갑절이나 되며, 그 바다의 동쪽에 또 하나의 바다가 있는데 그 곳의 고통은 다시 곱절이나 됩니다. 삼 업으로 지은 악한 업이 불러와서 감수하는 것이므로 모두 '업의 바다' 라고 하는데 여기가 바로 그 곳입니다.

성녀가 또 귀왕 무독에게 묻기를 '지옥은 어디에 있습니까?'

무독이 대답하기를 '세 바다 안이 바로 대지옥이며 그 수는 백천이고 각각 차별이 있는데 그 중에서 크다고 하는 것이 모두 십팔 개이며 다음이 오백 개로 그 고통과 독은 헤아릴 수 없으며 다음이 천백 개로 또한 한량없는 고통이었습니다.'

성녀가 또 대귀왕에게 묻기를 '내 어머니가 죽어서 온 지 오래지 않은데 혼신이 어느 곳으로 갔는지 알지 못합니다.'

귀왕이 성녀에게 묻기를 '보살님의 어머니가 살아 계실 때 어떠한 행업을 익혔습니까?'

성녀가 대답하기를 '내 어머니는 삿된 소견으로 삼보를 놀리고 훼방했습니다. 설혹 잠시 믿는 척하다가도 곧 또한 불경한 짓을 저지르곤 했으니 죽은 지 얼마 되지 않지만 어느 곳에 있는지 알지 못합니다.'

무독이 묻기를 '보살님의 어머니 성씨가 무엇입니까?'

성녀가 대답하기를 '나의 아버지와 어머니 모두가 바라문의 종족인데 아버지는 시라선견이라 하고 어머니는 열제리라 합니다.' 라고 하였다.

무독이 합장하고 보살게 여쭈어 말하기를 '원컨대 성자께서는 돌아가시고 너무 근심하거나 슬퍼하지 마십시오. 열제리 죄녀가 천상에 태어난 지가 지금 삼 일이 지났습니다. 효순한 자식이 어머니를 위해 공양을 베풀어 복을 닦아 각화정자재왕여래의 탑사에 보시했으니 다만 보살의 어머니만 지옥에서 벗어난 것이 아니라 무간지옥에 있던 죄인들이 이 날 모두 즐거움을 얻고 함께 천상에 태어났습니다.' 라고 하였다.

귀왕이 말을 마치자 합장하고 물러나니 바라문의 딸은 곧 꿈결같이 돌아와서 이러한 일을 깨닫고 문득 각화정자재왕려래의 탑 앞에서 큰 서원을 세우기를 '원컨대 저는 미래겁이 다하도록 죄고가 있는 중생을 위하야 널리 방편을 베풀고 그들로 하여금 해탈하게 할 것입니다.' 라고 하였다."

부처님께서 문수사리에게 이르시기를 "그 때의 귀왕은 지금의 재수보살이요, 그 때의 바라문의 딸은 곧 지금의 지장보살이니라."고 하시었다.

제2. 분신들을 모으다[分身集會品]

그 때 백천만억이나 되는 생각할 수도 없고 의논할 수도 없으며 헤아릴 수도 없고 말로 표현할 수도 없는 무량 아승지 세계의 지옥에 몸을 나누어 계신 지장보살이 함께 도리천궁에 모였으며, 여래의 신력으로 각각 그 곳에서 모두 해탈을 얻어서 업도로부터 벗어난 자 또한 각각 천만억 나유타 수가 있었다.

모두 향기 나는 꽃을 가지고 와서 부처님께 공양을 드리니 저 모든 함께 온 이들도 다 지장보살의 교화로 인하여 영원히 아뇩다라삼먁삼보리에서 물러서지 아니하였다. 이러한 모든 이들은 구원겁에서부터 생사에 유랑하면서 육도에서 받는 고통이 잠시도 그침이 없다가 지장보살의 넓고 큰 자비와 깊은 서원 때문에 각각 높은 깨달음을 얻게 되었는데 이미 도리천에 이르러서는 마음속에 뛸 듯한 기쁨을 품고 여래를 우러러 눈을 잠시도 떼지 않았다.

그 때에 세존께서는 금색 팔을 펴서 백천만억의 생각할 수도 없고 의논할 수도 없으며 헤아릴 수도 없고 말로도 표현할 수 없는 무량 아승지 세계의 모든 분신 지장보살마하살의 이마를 만지시면서 이렇게 말씀하셨다.

"나는 오탁악세에서 이와 같은 강강한(거칠고 억센) 중생을 교화하여 그들로 하여금 마음을 조복하여 삿됨을 버리고 바른 곳으로 돌아가게 하였으나 열에 하나나 둘은 아직도 악한 습관이 남아 있구나. 나 또한 몸을 천백억으로 나누어 널리 방편을 베푸노라.

혹 영리한 근기는 들으면 곧 믿으며, 혹 선량한 이는 부지런히 권하여 성취시킬 것이며, 혹 암둔한 자는 오래 교화해야 그 때에 가서 귀의할 것이며, 혹 업이 중한 자는 존경하는 마음을 내지 않을 것이다.

이와 같은 모든 중생은 각각 차별이 있으므로 몸을 나누어 제도할 것이다. 혹은 남자의 몸으로 나타나며, 혹은 여인의 몸으로 나타나며, 혹은 천룡의 몸으로 나타나며, 혹은 귀신의 몸으로 나타나며, 혹은 산림과 하천과 냇물이나 못이나 샘과 우물로 나타나서 이로움을 사람들에게 미치게 하여 제도할 것이며, 혹은 제석의 몸으로 나타나며, 혹은 범왕의 몸으로 나타나며, 혹은 전륜왕의 몸으로 나타나며, 혹은 거사의 몸으로 나타나며, 혹은 국왕의 몸으로 나타나며, 혹은 재상의 몸으로 나타나며, 혹은 관리의 몸으로 나타나며, 혹은 비구와 비구니와 우바새와 우바이와 내지 성문과 나한과 벽지불과 보살 등의 몸으로 나타나서 교화하고 제도할 것이다. 단지 부처의 몸으로만 그 몸을 나타내는 것은 아니다.

그대가 나의 오랜 세월동안 부지런히 고생하면서 이와 같이 교화하기 어려운 강하고 굳센 죄고 중생을 도탈시킨 것을 보아라. 그래도 조복되지 못한 자가 있어 죄고에 따라 과보를 받게 되는 데 만약 악취에 떨어져서 큰 고통을 받을 때에는 너는 마땅히 내가 도리천궁에서 간곡히 부촉하던 것을 생각해서 사바세계로 하여금 미륵불이 출세할 때까지의 중생을 모두 해탈시켜서 영원히 모든 고통에서 벗어나게 하고 부처님의 수기를 받도록 하라."

그 때에 여러 세계에 화신했던 지장보살이 다시 하나의 형상으로 돌아와서 슬픈 생각으로 눈물을 흘리시면서 부처님께 아뢰기를 "저는 구원겁으로부터 지금까지 부처님께서 이끌어주시어 불가사의한 신력을 얻고 큰 지혜를 갖추었으므로 저의 분신이 백천만억의 항하사 세계에 가득합니다. 한 세계마다 백천만억의 몸으로 화하여 한 세계마다 백천만억의 사람을 제도하여 그들로 하여금 삼보에 귀의하여 공경하게 합니다. 그리고 영원히 생사를 여의고 열반의 즐거움에 이르게 하되 다만 불법 가운데서 선한 일을 한 것은 터럭 한 개, 물 한 방울, 모래 한 알, 티끌 한 개와 털끝만한 것이라 하더라도 제가 점차 제도하여 그들로 하여금 큰 이로움을 얻도록 할 것입니다. 다만 바라건대 세존께서는 후세에 악업을 짓는 중생들에 대해서는 심려하지 마십시오."하고 이와 같이 세 번이나 부처님께 말씀드렸다.

"오직 원컨대 세존께서는 후세에 악업을 짓는 중생에 대해서는 심려하지 마십시오."라고 하자, 그 때 부처님께서는 지장보살을 칭찬하여 말씀하시기를 "선하구나, 선하구나. 내 그대를 도와 기쁘게 하리니 그대는 능히 구원겁으로부터 큰 서원을 발한 것을 성취하고 널리 제도함을 마친 뒤에 곧 보리를 증득하리라."고 하시었다.

제3, 중생들의 업의 인연을 관찰하다[觀衆生業緣品]

그 때에 부처님의 어머니 마야 부인이 공경 합장하고 지장보살께 묻기를 "성자시여, 염부제 중생이 짓는 업의 차별과 받는 과보는 어떠한 것입니까?"

지장보살이 대답하기를 "천만 개의 세계와 및 국토에는 혹 지옥이 있으며, 혹은 지옥이 없으며, 혹은 여인이 있으며, 혹은 여인이 없으며, 혹은 불법이 있으며, 혹은 불법이 없으며, 내지 성문과 벽지불도 이와 같이 있기도 하고 없기도 하므로 지옥의 죄보가 하나 같지 아니합니다."

마야 부인이 거듭 지장보살께 말씀드리기를 "또한 염부제에서 지은 죄로 느끼는 악도에 대해서 듣고 싶습니다."

지장보살이 대답하기를 "성모시여, 듣고자 하신다면 제가 대강 설명하여 드리겠습니다."

불모께서 말씀하시기를 "원컨대 성자께서는 설하여 주십시오."라고 하였다.

그 때에 지장보살이 성모에게 말씀드리기를 "남염부제의 죄보의 명호는 이와 같습니다. 만약 어떤 중생이 부모에게 불효하여 혹 살생하는 데까지 이르면 마땅히 무간지옥에 떨어져서 천만억 겁이 지나도록 나오기를 구해도 나올 기약이 없을 것입니다. 만약 어떤 중생이 부처님의 몸을 상하게 하여 피가 나게 하고, 삼보를 훼방하며, 경전을 존경하지 아니하면 또한 마땅히 무간지옥에 떨어져서 천만억 겁을 지내면서 나오기를 구하여도 나올 기약이 없을 것입니다.

만약 어떤 중생이 부처님의 재산을 침해하여 손해를 입히고, 비구와 비구니를 더럽히며, 혹은 가람 안에서 음욕을 자행하고, 혹은 죽이거나 혹은 해치는 이러한 무리들은 마땅히 무간지옥에 떨어져서 천만억 겁을 지내면서 나오기를 구하여도 나올 기약이 없을 것입니다.

만약 어떤 중생이 거짓으로 사문이 되어 사문의 마음을 가지지 아니하고 사찰의 물건을 쓰거나 파손하며, 속인을 속이며, 계율을 어기거나 등지고 갖가지 악한 일을 지으면, 이러한 무리들도 마땅히 무간지옥에 떨어져서 천만억 겁을 지내면서 나오기를 구하여도 나올 기약이 없을 것입니다.

만약 어떤 중생이 상주물인 재물과 곡식과 음식과 의복과 그 밖에 한 물건이라도 주지 아니한 것을 갖게 되면 마땅히 무간지옥에 떨어져서 천만억 겁을 지내면서 나오기를 구하여도 나올 기약이 없습니다."고 하였다.

또 지장보살이 아뢰기를 "성모시여, 만약 어떤 중생이 이와 같은 죄를 지으면 마땅히 오무간지옥에 떨어져서 잠깐이라도 고통이 멈추기를 구하나 한 순간도 편안함을 얻을 수 없습니다."라고 하였다.

마야부인이 거듭 지장보살에게 말씀하시되 "무엇을 일러 무간지옥이라 합니까?"라고 하니 지장보살이 대답하되, "성모시여, 무간지옥이라는 것은 큰 철위산 안에 있으되 그 큰 지옥은 십팔 곳이요, 다시 오백 군데가 있으되 그 이름이 각각 다르며, 다시 천백이 있되 그 이름이 각각 다르거니와 무간지옥은 그 옥의 성 둘레가 팔만여 리나 되고 그 성은 순전히 철로 되어 있으며 높이가 일만 리나 되며 성 위에는 불무더기가 있어서 간격이 전혀 없고, 그 옥성 가운데 여러 옥이 서로 이어져 있는데 이름이 각각 다르며, 따로 한 개의 옥이 있는데 이름을 무간이라 하고, 그 옥의 둘레는 만팔천리나 되고 옥담의 높이는 일천 리로 다 무쇠로 되어 있습니다. 위에서 타는 불이 아래까지 닿고 아래 불이 위까지 치솟으며 쇠로 된 뱀과 쇠로 된 개가 불을 토하면서 쫓아 다니므로 옥담 위를 동서로 달아나고 있습니다.

지옥 가운데는 평상이 있어 넓이가 만 리에 가득한데 한 사람이 죄를 받아도 스스로 그 몸이 평상 위에 가득 차게 누웠음을 보고 천만인이 죄를 받아도 또한 각각 자기의 몸이 평상 위에 가득 차게 보이니 여러 가지 업으로 느끼는 것에 그 과보를 얻음이 이와 같습니다.

또한 여러 죄인이 모든 고통을 갖추어 받는데 천백이나 되는 야차와 악귀의 어금니는 칼날과 같고 눈은 번갯불과 같으며, 손은 또 구리 손톱이 달려 있어 죄인의 창자를 뽑아 내어 토막 토막 자르며, 다른 어떤 야차는 큰 쇠창을 들고 죄인의 몸을 찌르는데 혹은 코와 입을 찌르고 혹은 배와 등을 찌르며 공중에 던졌다가 뒤집어 받으며 혹은 평상 위에 그대로 두기도 합니다.

또한 쇠로 된 매가 있어 죄인의 눈알을 쪼으며, 또한 쇠로 된 뱀이 있어 죄인의 머리를 감고, 백 개의 마디마다 모두 긴 못을 박으며, 혀를 뽑아 보습을 만들어 죄인에게 끌게 하며 구리쇳물을 입에 부으며, 뜨거운 무쇠로 몸을 얽어서 만 번도 더 죽었다가 깨어나게 하니 업에 의한 느낌이 이와 같아서 억겁을 지낸다 하더라도 나올래야 나올 기약이 없습니다.

또한 이 세계가 없어지면 다른 세계로 옮겨져 나고, 다른 세계가 파괴되면 또 다른 곳으로 옮겨지며, 다른 곳이 파괴되어도 전전하면서 옮기다가 이 세계가 이루어지면 다시 돌아오게 되니 무간지옥의 죄보를 받는 일이 이와 같습니다.

또한 다섯 가지 일에 대해 업을 느끼므로 무간지옥이라 합니다. 무엇을 다섯이라 하느냐 하면, 첫째는 낮과 밤으로 죄보를 받아 겁수에 이르기까지 잠시라도 사이가 없으므로 무간지옥이라 합니다.

둘째는 한 사람도 그 지옥이 가득 차고 많은 사람도 또한 그 지옥이 가득 차므로 무간지옥이라 합니다.

셋째는 죄 받는 기구에 쇠방망이와 매와 뱀과 이리와 개와 가는 맷돌과 써는 톱가 끓는 가마솥과 쇠그물과 쇠사슬과 쇠나귀와 쇠말들이 있고, 생가죽으로 머리를 조르고 뜨거운 쇳물을 몸에 부으며 주리면 철환을 삼키고 목마르면 쇳물을 마시면서 해가 다 가고 겁을 마치는 수가 나유타와 같이 고초가 서로 이어져서 간단이 없으므로 무간지옥이라 합니다.

넷째는 남자와 여자, 되놈과 오랑캐, 늙은이와 젊은이, 귀한 사람과 천한 사람, 혹은 용, 혹은 신, 혹은 천, 혹은 귀 등을 가리지 않고 죄행에 대한 업의 느낌은 모두 다 같으므로 무간지옥이라 합니다.

다섯째는 만약 이 지옥에 떨어지면 처음 들어갈 때부터 백천 겁이 되도록 하루 낮과 하룻밤에 만 번이나 죽었다가 만 번이나 살아나서 잠깐사이나마 머물기를 기다려도 되지 않으며 비행을 제거하고 업이 다하면 바야흐로 다른 곳에 태어나게 되는데 이러한 일이 계속되므로 무간지옥이라 합니다."

지장보살이 성모에게 말씀드리기를 "무간지옥에 대한 설명은 대강 이와 같습니다. 만약 지옥에서 벌을 주는 기구들의 명칭과 여러 가지 고통을 주는 일에 대해서는 일 겁 동안 설명한다 해도 다 할 수가 없습니다."라고 하였다.

마야 부인이 듣기를 마치고 근심스럽게 합장하면서 이마를 조아려 절하고 물러났다.

제4, 염부제 중생들의 업으로 느낌 [閻浮衆生業感品]

그 때에 지장보살마하살이 부처님께 말씀 드리기를 "세존이시여, 제가 여래의 위신의 힘을 입었으므로 두루 백천만억 세계에 이 몸을 나투어서 중생의 모든 업보를 뽑고 구원할 수 있습니다. 그러나 만약 여래의 큰 자비의 힘이 아니었다면 능히 이와 같은 변화는 지을 수가 없었는데 제가 지금 또 부처님의 부촉을 입었으니 아일다〔미륵불〕께서 성불하여 오실 때까지 육도중생으로 하여금 해탈하게 할 것입니다. 다만 원컨대 세존께서는 심려하지 마십시오." 하였다.

그 때에 부처님께서 지장보살에게 이르시기를 "일체 중생이 해탈하지 못하는 것은 성품이 정해지지 않아서 악함을 행하면 업을 짓고 선행을 행하면 과를 맺어 그 경지를 따라서 태어나며 오도를 돌고 돌아 잠깐도 쉬는 일이 없이 미진겁을 지내게 된다. 의혹에 사로잡히고 어려움에 가로막히는 것이 마치 물고기가 그물 속에서 노는 것과 같아서 이러한 긴 흐름을 잠시 벗어나는가 하면 또 들어가서 다시 그물에 걸리게 된다. 이와 같은 무리들을 내 마땅히 근심하였는데 그대는 이미 지난날 원을 마치고 오랜 세월 동안 거듭 맹세하여 널리 죄 지은 무리들을 제도하니 내 다시 무엇을 근심할까."라고 하시었다.

이 말씀을 설하실 때에 법회 가운데 한 보살마하살이 있어 이름을 정자재왕이라고 하였는데 부처님께 아뢰기를 "세존이시여, 지장보살이 오랜 세월 동안 각각 어떠한 원을 발하였기에 지금 세존의 은근하신 찬탄을 받으십니까? 오직 바라건대 세존께서는 간략하게 설하여 주십시오."라고 하였다.

그 때에 세존께서는 정자재왕보살에게 고하시기를 "잘 듣고 잘 들어서 좋은 마음으로 생각해보아라. 내 마땅히 그대를 위하여 분별하여 해설하리라.

지나간 과거의 무량 아승지 나유타로 말로는 표현할 수 없는 겁인 그 때에 부처님이 계셨는데 호를 일체지성취여래·응공·정변지·명행족·선서·세간해·무상사·조어장부·천인사·불세존이라고 했다.

그 부처님의 수명이 육만 겁이나 되었는데 출가하지 아니했을 때 작은 나라의 임금이 되어서는 이웃 나라의 임금과 벗이 되어 함께 열 가지 착한 일을 행하여 중생을 넉넉하고 유익하게 하였다. 그 이웃 나라 안에 사는 인민이 여러 가지 악한 일을 많이 지으니 두 임금이 계책을 의논하고 널리 방편을 베풀었는데 한 임금은 원을 발하기를 일찍이 불도를 성취하여 마땅히 이 사람들을 제도하여 하나도 남기지 않겠다고 하였다.

한 임금은 원을 발하기를 '만약 먼저 죄고중생들을 제도하여 이들로 하여금 안락하게 하지 못하면 나는 끝내 성불하기를 원하지 아니한다.'고 했다."

부처님께서 정자재왕보살에게 고하시기를 "한 임금이 원을 발하여 일찍이 성불한 이는 곧 일체지성취여래가 이분이요, 한 임금이 원을 발하여 영원토록 죄고 중생을 제도하고 성불하기를 원하지 않은 이가 곧 지장보살 이분이다."

"다시 과거 무량 아승지겁에 출세하신 부처님이 계시니 이름을 청정연화목여래라고 하셨는데 그 부처님의 수명은 사십 겁이었다. 상법 가운데 나한이 있어 복으로 중생을 제도하고 그로 인하여 차례로 교화하다가 한 여인을 만났는데 이름을 광목이라고 했다. 음식을 베풀어 공양하니 나한이 묻기를 '원하는 것이 무엇인가?'

광목이 대답하기를 '저는 어머니가 돌아가신 날에 복을 지어 구원하여 빼어내고자 하나 제 어머니가 어느 곳에 나셨는지 알지 못합니다.' 하니 나한이 불쌍히 여겨 그를 위하여 정에 들어가 관찰하니 광목의 어머니가 악취에 떨어져서 지극한 고초를 받고 있음이 보였다.

나한이 광목에게 묻기를 '너의 어머니가 살아 있을 때 어떠한 행업을 지었기에 지금 악취에서 극심한 고초를 받고 있느냐?'

광목이 대답하기를 '제 어머니가 한 일은 오직 물고기와 자라 등 먹기를 좋아하였는데 물고기와 자라 중에도 그 새끼를 많이 먹었습니다. 혹 굽기도 하고 혹 지지기도 하여 마음껏 많이 먹었으니 그 목숨의 수를 계산한다면 천과 만에도 다시 배가 될 것입니다.' 라고 하였다.

광목이 '존자님께서는 자비심으로 불쌍히 여겨 어찌 하시든지 가련하게 생각하여 구원해 주십시오.' 라고 하였다.

이에 나한이 불쌍히 여겨 방편을 지어서 광목에게 권하기를 '그대가 지성으로 청정연화목여래를 염하고 겸하여 형상을 조성하거나 탱화를 그리든지 하면 산 사람이나 죽은 사람도 과보를 얻을 수 있을 것이다.' 라고 하였다.

광목이 듣기를 마치고는 곧 아끼던 물건을 팔아 불상을 그려 모시고 공양을 올리며 다시 공경하는 마음으로 슬피 울면서 우러러 예배하였다. 광목이 문득 새벽 꿈에 부처님을 뵈오니 금빛이 밝게 빛나서 수미산과 같으며 큰 광명을 놓아서 광목에게 이르시기를 '네 어머니가 오래지 아니하여 너의 집에 태어날 것이나 겨우 배고프고 추운 줄을 깨닫게 되면 곧 말을 할 수 있을 것이다.' 라고 하였다.

그 뒤에 집 안에서 종이 한 아들을 낳으니 삼 일이 되기 전에 말을 하며, 머리를 조아리며 슬피 울면서 광목에게 고하기를 '생사의 업연으로 과보를 스스로 받게 되었는데 나는 너의 어미로서 오래도록 어두운 곳에 있다가 너를 이별하고 가서 여러 번 큰 지옥에 떨어졌으나 너의 복력을 입어서 다시 태어나게 되었으나 하천한 사람이 되었다. 또 다시 단명하여 나이 열세 살이 되면 다시 악도에 떨어질 것이니 너에게 어떠한 계책이 있어 나로 하여금 벗어나서 면하게 할 수 있겠느냐?' 하거늘 광곡이 이 말을 듣고 어머니로 알아 의심이 없었다.

광목이 목이 메어 슬피 울면서 종의 자식에게 이르기를 '이미 바로 나의 어머님이라면 본래 지은 죄업을 다 알 것이니 어떠한 행업을 지어서 악도에 떨어졌습니까?' 하고 물으니 종의 아들이 대답하여 말하기를 '생물을 죽이고 불법을 헐뜯고 비방한 두 가지 업으로 보를 받았는데 만약 복을 지어 그 힘으로 나를 고난에서 빼내어 구원해 주지 않았다면 이 업 때문에 해탈을 얻지 못할 것이다.' 하였다.

광목이 묻기를 '지옥의 죄보는 어떠한 것인지요?' 하니 종의 아들이 대답하기를 '죄고의 일은 차마 말로는 다 할 수가 없다. 백천 세를 두고 말한다 하더라도 다하기는 어려울 것이다.' 라고 하였다.

광목이 듣기를 마치고는 눈물을 흘리며 슬피 울면서 하늘을 향하여 말하기를 '원컨대 나의 어머니가 영원히 지옥을 벗어나서 십삼 세를 지내고도 다시는 무거운 죄로 악도에 돌아다니는 일이 없게 하소서. 시방에 계시는 여러 부처님께서는 자비로 저를 불쌍히 여기시어 제가 어머니를 위해 제가 어머니를 위해 세우는 광대한 서원을 들어주소서.

만약 저의 어머니가 영원히 삼악도와 이러한 하천함과 여인의 몸까지를 영원히 여의고 영겁 동안 받지 않게 된다면, 저는 오늘부터 청정연화목여래의 상 앞에 나아가 백천만억 겁 동안 세계마다 있는 지옥과 삼악도에서 모든 죄고에 시달리는 중생들을 구제하여 영원히 지옥, 악취, 축생, 아귀 등을 떠나도록 하며, 이와 같은 죄보를 받는 사람들이 모두 성불한 뒤에 그 때 저는 비로소 정각을 성취할 것을 서원합니다.'하였다.

서원을 발하여 마치니 청정연화목여래의 말소리가 똑똑히 들려왔다.

'광목아, 너의 큰 자비와 연민으로 어머니를 위하여 이 같은 큰 소원을 내는구나. 내가 살펴보건대 너의 어머니는 십삼 세가 지나면 이 과보의 몸을 버리고 범지로 태어나서 수명을 백 세나 살 것이며, 이 과보가 지나고 나면 무우국토에 태어나서 수명은 헤아릴 수 없는 겁을 살게 된다. 그리고 뒤에는 불과를 성취하여 널리 인간과 천인들을 제도하며 그 수는 항하의 모래수와 같을 것이다.'라고 하였다."

부처님께서 정자재왕보살에게 고하시기를 "그 때의 나한으로 광목에게 복을 지어 어머니를 제도하게 한 사람은 곧 무진의보살이요, 광목의 어머니는 곧 해탈보살이요, 광목녀는 곧 지장보살이다. 지장보살은 과거 구원겁 중에 이와 같이 자비와 연민으로 항하사의 원을 발하여 널리 중생을 제도하였다.

미래세 중에 만약 남자와 여인이 있어 선을 행하지 않는 자와 악을 행하는 자와 인과를 믿지 않는 자와 사음하고 거짓말하는 자와 두 가지의 말을 하는 자와 악담하는 자와 대승을 훼방하는 자 등 이와 같은 여러 업을 짓는 중생들은 반드시 악취에 떨어지게 된다. 그러나 만약 선지식을 만나 손가락을 한 번 퉁기는 짧은 시간이라도 지장보살에게 귀의하게 되면 이 여러 중생들은 곧 삼악도의 과보에서 해탈을 얻게 될 것이다."라고 하셨다.

"만약 지극한 마음으로 귀의하여 공경하고 우러르며 찬탄하고 향과 꽃과 의복과 갖가지의 진보와 혹은 음식을 가지고 이와 같이 받들어 모시는 자는 미래세의 백천만억 겁 중에도 항상 여러 하늘에 있으면서 뛰어나게 묘함과 즐거움을 받을 것이다. 만약 하늘의 복이 다하고 인간에 태어난다 할지라도 오히려 백천만 겁 동안 항상 제왕이 되며 능히 숙명의 인과에 대한 본말을 기억하게 될 것이다.

정자재왕아, 지장보살은 이와 같이 생각할 수 없을 만큼 대위신력이 있어 널리 중생을 이롭게 하니 너희들 모든 보살들은 마땅히 이 경전을 기록하여 널리 유포케 하라."고 하시었다.

정자재왕보살이 부처님께 말씀드리기를 "세존이시여, 원컨대 심려치 마십시오. 저희들 천만억 보살마하살이 반드시 부처님의 위신력을 받들어 널리 이 경을 연설하여 염부제에서 중생을 이롭게 하겠습니다."라고 하였다. 정자재왕보살이 세존께 말씀드리기를 마치고 합장 공경하겨 예를 올린 후에 자리에서 물러갔다.

그 때에 사방의 천왕들이 함께 자리에서 일어나서 합장하여 공경을 표시하고 부처님께 말씀 드리기를 "세존이시여, 지장보살이 오랜 세월 전부터 이와 같은 큰 원을 발하였는데 어찌하여 지금까지 오히려 제도하는 일이 끊어지지 아니하고 다시 광대한 서원을 발하십니까? 원컨대 세존께서는 저희들을 위하여 설하여 주십시오."라고 하였다.

이에 부처님께서는 사천왕에게 말씀하시기를 "착하고 착하구나. 내 지금 너희들과 미래와 현재의 천인의 무리들에게 이익을 널리 펼치고자 하므로 지장보살이 사바세계 염부제 안의 생사의 길에서 사랑과 슬픔으로 모든 죄고중생들을 구원하여 제도하게 하는 방편의 일을 설하여 주겠노라."고 하시니, 사천왕이 말하기를 "예 세존이시여, 원컨대 즐거이 듣고자 합니다." 하였다.

부처님께서 사천왕에게 이르시기를 "지장보살은 구원겁으로부터 지금까지 중생을 제도하였으나 아직도 서원을 마치지 못하여 이 세계의 죄고에 시달리는 중생들을 사랑과 연민으로 생각하며, 미래의 끝없는 무량겁 중에도 이어져서 끊어지지 아니함을 살피었다. 이러한 까닭으로 다시 거듭 서원을 발하였으니 이와 같이 보살은 사바세계 염부제 중에서 백천만 억의 방편으로 교화하고 있다.

사천왕이여, 지장보살이 만약 살생하는 자를 만나면 전생의 재앙으로 단명의 과보를 받는다고 설해주며, 만약 도적질하는 사람을 만나면 빈궁으로 고초를 받는다고 설해주고, 만약 사음하는 사람을 만나면 참새와 비둘기와 원앙새가 되는 갚음을 받는다고 설해준다.

만약 악구(惡口)를 하는 사람을 하는 사람을 만나면 권속들이 서로 싸우고 다투게 되는 과보를 설해주고, 만약 남을 헐뜯고 훼방하는 사람을 만나면 혀가 없어지거나 입에 창이 나는 과보를 설해주며, 만약 성내는 사람을 만나면 얼굴이 더럽고 파리해지는 병의 과보를 받는다고 설해주고, 만약 인색하고 탐욕하는 사람을 만나면 구(求)하는 것이 소원대로 되지 않는 과보를 받는다고 설해준다.

만약 음식을 과도하게 먹는 사람을 만나면 굶주리고 목말라서 목병 나는 과보를 설해주고, 만약 제멋대로 사냥하는 사람을 만나면 놀라고 미쳐서 목숨을 잃는 과보를 받는다고 설해주며, 만약 부모의 뜻을 어기고 행패 부리는 사람을 만나면 천재지변으로 재앙과 죽음의 과보가 내린다고 설해주고, 만약 산림과 나무를 불에 태우는 사람을 만나면 미쳐서 정신없이 다니다가 죽게 되는 과보를 설해주며, 만약 전후 부모에게 악독한 짓을 하는 사람을 만나면 바뀌어 태어나서 매 맞음을 받게 되는 과보를 설해주며, 만약 그물로 날짐승을 잡는 사람을 만나면 골육간에 헤어지고 이별하는 과보를 받는다고 설해준다.

만약 삼보(三寶)를 훼방하는 사람을 만나면 장님과 귀머거리와 벙어리가 되는 과보를 받는다고 설해주며, 만약 부처님의 법을 가볍게 여기고 가르침을 업신여기는 사람을 만나면 영원히 악도에 떨어지는 과보를 받는다고 설해주고, 만약 상주물(常住物-공공물, 또는 부처님의 재산)을 파괴하거나 함부로 사용하는 사람을 만나면 억겁 동안 지옥을 윤회하는 과보를 받는다고 설해주며, 만약에 범행(梵行)을 더럽히고 스님을 속이는 사람을 만나면 영원히 축생이 되는 과보를 받는다고 설해준다.

만약 끓는 물이나 모진 불이나 낫이나 도끼로 생물을 상하게 하는 사람을 만나면 윤회하면서 되갚음을 받는 과보가 있다고 설해주며, 만약 계(戒)를 파하거나 재(齋)를 범하는 사람을 만나면 짐승이 되거나 주림을 받는다고 설해주고, 만약 비리나 부정으로 재물을 마구 쓰는 사람을 만나면 구하는 것이 없어지고 끊어지는 과보를 받는다고 설해준다.

만약 아만심이 높은 사람을 만나면 미천한 종이 되는 과보를 받는다고 설해주고, 만약 두 가지 말로 이간질하여 싸우게 하는 사람을 만나면 혀가 없거나 혀가 백 개나 되는 과보를 받는다고 설해주며, 만약 삿된 소견을 가진 사람을 만나면 변방에 태어나는 과보를 받는다고 설해준다.

이와 같이 염부제 중생들이 몸이나 입이나 뜻으로 짓는 악업(惡業)의 결과는 백천 가지 보응(報應)으로 이루어진다는 것을 지금 대강 설명하였다. 이와 같이 염부제 중생들이 업으로 느끼는 차별을 지장보살이 백천의 방편으로 교화하지만 이러한 모든 중생들이 먼저 이와 같은 과보를 받은 뒤에 지옥에 떨어져서 잠깐 사이에 겁수(劫數)를 지내면서 나올 기약이 없다.

그러므로 그대들은 사람을 보호하고 나라를 보호하여 이러한 모든 여러가지 업으로 하여금 중생들을 미혹됨이 없게 하라.”

사천왕들이 듣고 나서 눈물을 흘리면서 슬피 탄식한 뒤에 합장하고 물러갔다.

제5, 지옥들의 이름[地獄名號品]

그 때에 보현보살마하살이 지장보살에게 이르기를 “인자여, 원컨대 천룡팔부와 미래와 현재의 일체 중생을 위하여 사바세계와 염부제의 죄고중생이 죄보를 받는 곳인 지옥의 명호와 악한 보에 대한 일을 말씀하여 미래세의 말법 중생으로 하여금 이 과보를 알게 하십시오.”하니 지장보살이 대답하기를 “인자여, 내 지금 부처님의 위신력과 대사의 힘을 받들어 지옥의 명호와 죄보에 대한 일을 대략 말하겠습니다.

인자여, 염부제의 동쪽에 산이 있는데 이름을 철위산이라 하며 그 산은 어둡고 깊어서 해와 달의 빛이 없으며 큰 지옥이 있는데 이름을 극무간이라 합니다.

또 지옥이 있는데 이름을 아주 쉴 틈 없음[大阿鼻]이라 하며, 또 지옥이 있는데 이름을 네 모서리[四角]라 하며, 또 지옥이 있는데 이름을 나는 칼[飛刀]이라 하며, 또 지옥이 있는데 이름을 불화살[火箭]이라 하며, 또 지옥이 있는데 이름을 좁은산[夾山]이라 하며, 또 지옥이 있는데 이름을 찌르는 창[通槍]이라 하며, 또 지옥이 있는데 이름을 쇠수레[鐵車]라 하며, 또 지옥이 있는데 이름을 쇠평상[鐵床]이라 하며, 또 지옥이 있는데 이름을 쇠로 된 소[鐵牛]라 하며, 또 지옥이 있는데 이름을 쇠로 된 옷[鐵依]이라 하며, 또 지옥이 있는데 이름을 쇠칼[鐵刀]이라 하며, 또 지옥이 있는데 이름을 쇠로 된 나귀[鐵驢]라 하며, 또 지옥이 있는데 이름을 구리물[洋銅]이라 하며, 또 지옥이 있는데 이름을 안는 기둥[抱柱]이라 하며, 또 지옥이 있는데 이름을 흐르는 불[流火]이라 하며, 또 지옥이 있는데 이름을 밭가는 혀[耕舌]라 하며, 또 지옥이 있는데 이름을 목을 자름[좌首]이라 하며, 또 지옥이 있는데 이름을 발을 태움[燒脚]이라 하며, 또 지옥이 있는데 이름을 눈을 씹어 먹음[담眼]이라 하며, 또 지옥이 있는데 이름을 쇠구슬[鐵丸]이라 하며, 또 지옥이 있는데 이름을 말로 다툼[爭論]이라 하며, 또 지옥이 있는데 이름을 쇠저울[鐵銖]이라 하며, 또 지옥이 있는데 이름을 많이 성냄[多瞋]이라 합니다.

지장보살이 또 말하기를 "어진 이여, 철위산 안에 이와 같은 많은 지옥이 있어 그 수가 한량이 없습니다.

또 소리를 지르는[叫喚] 지옥과 혀를 뽑는[拔舌] 지옥과 똥 오줌[糞尿] 지옥과 구리사슬[銅鎖] 지옥과 불코끼리[火象] 지옥과 불개[火狗] 지옥과 불말[火馬] 지옥과 불소[火牛] 지옥과 불산[火山] 지옥과 불돌[火石] 지옥과 불평상[火床] 지옥과 불대들보[火樑] 지옥과 불매[火鷹] 지옥과 톱이빨[鋸牙] 지옥과 껍질 벗기는[剝皮] 지옥과 피 뽑아 미시는[飮血] 지옥과 손을 태우는[燒手] 지옥과 발을 태우는[燒脚] 지옥과 가시밭에 거꾸로 매다는[倒刺] 지옥과 불집〔火屋〕 지옥과 쇠집〔鐵屋〕 지옥과 불이리〔火狼〕 지옥 등이 있습니다.

이와 같은 많은 지옥이 있고 그 가운데 각각 또 여러 개의 작은 지옥이 있어 혹은 하나, 혹은 둘, 혹은 셋, 혹은 넷에서 백천에 이르며, 그 가운데의 이름도 각각 같지아니합니다.

지장보살이 또 보현보살에게 말씀하였다.

"어진 이여, 이것은 모두 남염부제의 악을 행한 중생들의 업으로 느낌이 이와 같습니다.

업력이란 매우 커서 능히 수미산에 대적할 만하며, 능히 큰 바다보다 깊으며, 능히 성스러운 도를 장애합니다. 이러한 까닭으로 중생들은 작은 악이라고 하여 가볍게 여겨 죄가 없다고 하지 말지니 사람이 죽은 뒤의 그 갚음은 털 끝 만한 것도 다 받게 됩니다.

아버지와 자식은 지극히 친한 사이지만 가는 길이 각각 다르며 비록 서로 만난다고 하더라도 기꺼이 대신 받을 수가 없습니다. 내가 지금 부처님의 위신력을 받들어 대략 지옥에서 있는 죄의 과보에 대한 일을 말하겠으니 원컨대 어진 이께서는 이 말을 잠깐 들으십시오."

보현보살이 대답하여 말하기를, "나는 비록 오래 전부터 삼악도의 갚음을 알았으나 어지신 이의 설하심을 바라는 것은 후세 말법시대에 일체 악행을 하는 중생으로 하여금 어지신 이의 설하심을 듣고 그들로 하여금 부처님 법을 향하여 귀의하게 하고자 함입니다."

지장보살이 말씀하시기를, "어진 이여, 지옥의 죄보를 받는 일은 이와 같습니다. 혹 어떤 지옥은 죄인의 혀를 뽑아서 소를 시켜 밭을 갈게 하며, 혹 어떤 지옥은 죄인의 심장을 내어서 야차에게 먹게 하며, 혹 어떤 지옥은 끓는 가마솥에 죄인의 몸을 삶으며, 혹 어떤 지옥은 벌겋게 단 구리쇠 기둥을 죄인을 시켜 껴안게 하며, 혹 어떤 지옥은 맹렬한 불덩이를 날려서 죄인의 몸에 닿게 합니다.

혹 어떤 지옥은 한결같이 찬 얼음으로 되어 있으며, 혹 어떤 지옥은 한량없는 똥과 오줌으로 덮여 있으며, 혹 어떤 지옥은 빈틈없이 쇠뭉치가 날으며, 혹 어떤 지옥은 많은 불창으로 찌르며, 혹 어떤 지옥은 방망이로 가슴과 등을 치며, 혹 어떤 지옥은 손과 발을 모두 태우며, 혹 어떤 지옥은 쇠뱀이 서리고 감기며, 혹 어떤 지옥은 무쇠 개가 물고 쫓으며, 혹 어떤 지옥은 무쇠 나귀에 끌려 다닙니다.

어진 이여, 이와 같은 많은 과보는 각 지옥마다 백천 가지 업을 다스리는 기구가 있는데 구리나 무쇠와 돌과 불로 된 것이 아님이 없습니다. 이 네 가지 물건은 여러 가지 업행(業行)으로 느끼게 됩니다. 만약 지옥에서 받는 죄보의 일들을 자세히 말씀 드린다면 하나하나의 옥마다 또 백천 가지의 고초가 있는데 하물며 어찌 많은 지옥을 말로 다 표현할 수 있겠습니까.

내 지금 부처님의 위신력과 어지신 이의 물으심을 입어 간략하게 이와 같이 말씀드리는 것이지만 만약 자세히 해설한다면 겁을 지내도 다하지 못합니다.

제6, 여래가 찬탄하시다[如來讚歎品]

그 때에 세존께서는 온 몸으로 큰 광명을 놓으시어 백천만억 항하강의 모래와 같이 많은 제불 세계를 두루 비추시고 큰 음성을 내시어 제불 세계에 널리 이르시었다. "일체의 모든 보살마하살과 천룡과 귀신과 사람인 듯 아닌 듯한 이들은 내가 오늘 지장보살마하살이 시방세계에 크고 불가사의한 위신력과 자비심을 나타내어 일체의 죄고(罪苦)를 구원하는 일을 드날리고 찬탄함을 들어라. 내가 열반한 뒤에 그대들 모든 보살 대사와 천룡과 귀신들은 널리 방편을 지어 이 경을 지키고 보호하여 일체 중생으로 하여금 일체의 고통을 여의게 하고 열반락을 증득하게 하라."

이렇게 말씀을 하시고 나니 법회 중에 한 보살이 있어 이름을 보광이라 하는데 합장하고 공경하여 부처님께 말하였다.

"이제 보니 세존께서는 지장보살의 이와 같이 불가사의한 큰 위신력이 있음을 찬탄하시었으니 오직 바라건대 세존이시여! 미래세의 말법 중생들을 위하여 지장보살이 인간과 천상을 이익되게 하는 인과에 관한 일을 설하시어 모든 천룡 팔부와 미래세의 중생으로 하여금 부처님의 말씀을 이마에 받들어 가지도록 하여 주십시오."

그 때에 세존께서는 보광보살과 사부대중들에게 말씀하셨다.

"자세히 듣고 자세히 들어라. 내 마땅히 그대들을 위하여 간략하게 지장보살이 인간과 천상을 복덕으로 이익되게 하는 일을 말하겠다."

보광보살이 사뢰기를, "예 그렇게 하여 주십시오. 세존이시여, 원컨대 즐거이 듣고자 합니다."

부처님께서는 보광보살에게 이르시기를, "미래세 중에 만약 선남자와 선여인이 있어서 이 지장보살마하살의 이름을 듣는 자와 혹 합장하는 자와 찬탄하는 자와 예배하는 자와 생각하고 사모하는 자는 삼십(三十) 겁의 죄업을 뛰어넘을 것이다.

보광이여, 만약 선남자와 선여인이 있어 혹 지장보살의 형상을 그림으로 그리거나 혹은 흙과 돌과 아교와 칠과 금과 은과 구리와 무쇠로 이 보살을 조성하여 한 번 보고 한 번 예배하는 자가 있으면 이 사람은 백 번이라도 삼십삼천에 태어나고 영원히 악도에 떨어지지 아니할 것이다. 가령 하늘의 복이 다했기 때문에 인간에 하생(下生)한다고 하더라도 오히려 국왕이 되어 큰 이익을 잃지 아니할 것이다.

만약 어떤 여인이 여인의 몸을 싫어하여 마음을 다해 지장보살의 탱화와 흙과 돌과 아교와 칠과 구리와 무쇠 등으로 된 지장보살상에 공양하되 이와 같이 날마다 물러서지 아니하고 항상 꽃과 향과 음식과 의복과 수놓은 비단과 깃발과 돈과 보물 등으로 공양하면 이 선여인은 이 한 번의 여자 몸의 과보를 마치면 백천만 겁이라도 다시는 여인이 있는 세계에도 태어나지 아니하거든 하물며 어찌 여인의 몸을 받겠느냐. 오직 자비의 원력 때문에 꼭 여자의 몸을 받아서 중생들을 제도하는 경우는 제외된다.

이 공양을 받는 지장보살의 위신력과 공덕력 덕분에 백천만 겁을 지나도록 다시는 여인의 몸을 받지 아니한다.

다시 보광이여, 만약 여인이 있어 이 더럽고 병 많은 것을 싫어하여 다만 지장보살상 앞에 지극한 마음으로 밥을 한끼 먹는 사이만이라도 우러러 예배하면 이 사람은 천만 겁을 지나도록 태어나는 몸의 상호가 원만하여 모든 질병이 없어질 것이며, 추하고 더러운 여인이 여자의 몸을 싫어하지 아니하면 곧 백천만억의 생을 받는 중에서 항상 왕녀와 왕비와 재상과 이름 있는 종족과 대장자의 딸이 되어 단정한 몸을 받고 나서 모든 상호가 원만하게 되리라. 지극한 마음으로 지장보살을 우러러 예배했기 때문에 복을 얻음이 이와 같은 것이다.

또 보광이여, 만약 선남자와 선여인이 있어 능히 지장보살상 앞에서 여러 가지 악기로 연주하며 노래를 읊어서 찬탄하고 향과 꽃으로 공양하거나, 한 사람이나 많은 사람에게 권하여 하게 하여도 이와 같은 사람들은 현재의 세상이나 미래의 세상에도 항상 백천의 신들이 낮과 밤으로 호위해줄 것이다. 악한 일은 귀에 들리지도 않게 되나니 어찌 하물며 친히 횡액을 받는 일이 있겠는가.

또 보광이여, 미래 세상에 만약 악한 사람과 악한 신과 악한 귀신이 있어서 선남자와 선여인이 지장보살상에 귀의하여 공경하며 공양하고 찬탄하고 우러러 예배하는 것을 보고 혹 망령되게 꾸짖고 훼방하는 마음이 생겨 공덕과 이익되는 일이 없다고 비방하며, 혹 이를 드러내어 비웃으며, 혹 얼굴을 돌리고 그르다고 하며, 혹 남을 권하여 함께 그르다고 하며, 혹 한 사람에게 그르다고 하며, 혹 많은 사람에게 그르다고 하여 오랫동안이나 한 순간이라도 꾸짖고 훼방하는 자가 있다면 이와 같은 사람은 현겁의 천불이 열반하신 뒤가 되더라도 비방하고 헐뜯은 죄로 오히려 아비지옥에서 극심한 중죄를 받을 것이며, 이 겁을 지난 뒤에 바야흐로 아귀가 되며, 또 천 겁을 지난 뒤에 가서야 바야흐로 사람의 몸을 얻게 되리라.

비록 사람의 몸을 받았다 할지라도 빈궁하고 하천하여 눈·귀·코 등의 모습들을 제대로 갖추지 못하여, 많은 악업이 몸에 와서 맺어져서 오래지 아니하여 다시 악도에 떨어지게 되리라. 그러므로 보광이여, 타인의 공양을 비난하고 훼방하더라도 오히려 이러한 갚음을 받거든 하물며 어찌 특별히 악한 소견을 내어서 헐뜯고 비방하겠는가.

다시 또 보광이여, 만약 미래 세상에 남자나 여인이 있어 오랜 병으로 침상에 누워서 살기를 구하거나 죽기를 구해도 마침내 마음대로 될 수가 없고, 혹꿈에 악한 귀신과 또는 일가 친족들이 나타나며, 혹은 험한 길에서 놀며, 혹은 많은 도깨비와 귀신과 함께 놀아서 세월이 오래 되어 점점 몸이 마르고 야위어서 잠자다가도 괴로워 소리를 지르며, 처참하게 괴로워하는 것은 이것은 모두 업장의 경중을 정하지 못하여 그런 것이다. 목숨을 버리기도 어렵고 병이 나을 수도 없으니 보통 남녀의 속된 안목으로는 도저히 이 일을 알지 못한다.

이러한 때는 다만 마땅히 부처님이나 보살상 앞에서 소리를 높여 이 경문을 한 번 읽고 혹은 병인이 가장 아끼는 물건이나 혹은 의복과 보석, 패물과 동산과 사택으로써 병든 사람 앞에서 소리 높여 불러서 말하기를, '나 아무개가 이 병든 사람을 위하여 경전과 형상 앞에서 모든 물건으로 희사한다'고 할 것이며, 혹은 '경전과 형상에 공양한다'고 하며, 혹은 '부처님과 보살의 형상을 조성한다'고 하며, 혹 '탑과 절을 이룩한다'고 하며, 혹은 '기름으로 등을 켠다'고 하며, 혹은 '상주물로 보시한다'고 하며 이와 같이 병든 사람에게 세 번을 말해주어 그로 하여금 알아듣게 하라.

가령 모든 의식이 분산되어 기운이 다한 데 이른다 하더라도 하루 이틀 사흘 내지는 칠 일이 될 때까지 다만 소리를 높여 이 일을 말하여 주고 소리를 높여 경을 읽어 주면 이 사람은 명이 다한 뒤에 숙세(宿世)의 재앙과 무거운 죄와 5무간지옥에 이를 죄라 할지라도 영원히 해탈을 얻고 다시 태어나는 곳에서 항상 숙명(宿命)을 알게 되거든 하물며 선남자와 선여인이 자기가 이 경을 쓰거나 혹 사람을 시켜 쓰게 하며, 혹 자기가 보살의 형상을 조성하거나 그림으로 그리든지, 또는 사람을 시켜서 조성하게 하고 그리게 하면, 그가 받는 과보는 반드시 크게 이로움을 얻을 것이다.

그러므로 보광이여, 만약 어떤 사람이 이 경문을 독송하거나 또한 한 순간이나마 이 경을 찬탄하며, 혹 이 경을 공경하는 자를 보거든 그대는 모름지기 백천가지 방편으로 이러한 사람들을 권하여 부지런한 마음이 퇴전(退轉)치 않게 하라. 그렇게 한다면 능히 미래와 현재에 백천만억의 불가사의한 공덕을 얻게 되리라.

그리고 또 보광이여, 만약 미래 세상에 모든 중생들이 혹은 꿈꾸거나 혹은 잠잘 때에 모든 귀신들이 여러 가지 형상으로 변하여 혹 슬퍼하거나, 혹 울기도 하며, 혹 근심하고, 혹 탄식하며, 혹 두려워하고, 혹 겁을 내는 모습이 보이기도 한다. 이것은 모두 일 생이나 십 생 또는 백 생이나 천 생의 과거의 부모와 자녀와 형제 자매와 남편, 아내 등 권속들이 악도에서 벗어나지 못 해서이다. 복력으로 고뇌에서 구원하여 줄 사람이 아무 데도 없으므로 어쩔 수 없이 숙세의 가족들에게 호소하여 그들로 하여금 방편을 지어 악도를 벗어나게 하여 주기를 원하는 것이다.

보광이여, 그대는 신통력으로 이 권속들을 시켜서 그들로 하여금 부처님과 보살의 형상 앞에 나아가 지극한 마음으로 스스로 이 경을 독송하거나 혹은 사람을 청하여 읽게 하여 그 수가 세 번 혹 일곱 번에 이르게 되면, 이와 같은 악도의 권속들은 경을 읽는 소리가 이 횟수를 마칠 때에 마땅히 해탈을 얻어 꿈속이라도 영원토록 다시는 보이지 아니하리라.

다시 또 보광이여, 만약 미래 세상에 모든 미천한 사람이거나 혹은 남자 종이나 혹은 여자 종이나 또는 부자유한 사람이 되어 숙세의 업을 깨달아서 참회하고자 하거든, 지극한 마음으로 지장보살의 형상을 우러러서 칠 일 동안 보살의 명호를 외워서 만 번을 채우게 되면 이 사람은 이 과보를 다 받은 뒤에는 천만 번을 태어나도 항상 존귀한 데 태어나고 다시는 삼악도의 고통을 겪지 아니할 것이다.

다시 또 보광이여, 만약 미래 세상 가운데 염부제 안에서 찰제리나 바라문이나 장자나 거사 등 일체의 사람들과 다른 성을 가진 종족에게 새로 태어나는 자가 있어서 혹은 남자거나 혹은 여자거나를 막론하고 칠 일 안에 일찍이 이 불가사의 경전을 독송하고 다시 보살의 명호를 외워서 만 번을 채우게 되면, 이 새로 태어난 아이가 혹은 남자거나 혹은 여자거나 숙세의 재앙의 과보를 곧 해탈하게 되어 안락하게 잘 자라면 수명이 더욱 길어 질 것이다. 만약 이러한 복을 받아서 태어난 자는 더욱더 안락하게 되고 수명이 길어질 것이다.

다시 또 보광이여, 만약 미래 세상의 중생들은 달마다 1일 · 8일 · 14일 · 15일 · 18일 · 23일 · 24일 · 28일 · 29일 · 30일 등 이런 날에 모든 죄업을 모아서 그 경중(輕重)을 정하게 된다. 남염부제 중생들의 걷고, 서고, 움직이고, 생각하는 것이 업(業)이 아닌 것이 없고 죄가 아닌 것이 없다. 어찌 하물며 마음 내키는 대로 산 생명을 죽이며 도적질하고 사음하며 거짓말 하는 백천 가지 죄상들을 다 열거할 수 있겠는가.

만약 능히 이 십재일(十齋日)에 부처님과 보살과 모든 성현의 형상 앞에 나아가 이 경을 한 번 읽으면 동 · 서 · 남 · 북의 백 유순 안에서는 모든 재난이 없어질 것이며, 또 그 집에 있는 어른이나 어린이도 현재와 미래의 백천 세 가운데 영원히 악도를 여읠 것이다. 능히 십재일마다 이 경을 한 번씩 읽으면 현세에 그가 사는 집에 모든 횡액과 질병이 없어지고 의식이 풍족하게 넘칠 것이다. 이러한 까닭으로 보광이여, 지장보살에게는 이와 같은 말로써는 도저히 표현할 수 없는 백천만억의 큰 위신력으로 이익이 되는 일이 있다는 것을 알아야 한다.

염부제 중생들이 이 보살에게 큰 인연이 있기 때문이니 이러한 여러 중생들은 보살의 명호를 듣거나 보살의 형상을 보거나 이 경의 세 글자나, 다섯 글자나, 혹 한 게송이나 한 구절을 듣는 자는 현재에는 특별히 빼어나고 묘한 안락을 얻을 것이며, 미래의 세상에도 백천만 생 동안 항상 단정함을 얻어 존귀한 집안에 태어나리라."

그 때에 보광보살이 부처님께서 지장보살을 칭찬하고 찬탄하시는 말씀을 듣고 호궤합장하여 다시 부처님께 말씀드렸다.

"세존이시여, 저는 오래 전부터 이 보살의 이와 같은 불가사의한 위신력과 큰 서원력이 있음을 알았습니다만 미래 세상의 중생들을 위하여 그 이익을 알려 주고자 하므로 짐짓 여래께 묻습니다. 세존이시여, 이 경의 이름은 무엇이라 하며, 저로 하여금 어떻게 유포하라 하십니까? 오직 원컨대 머리에 받들어 가지겠습니다."

부처님께서 보광보살에게 이르시기를, "이 경의 이름은 세가지가 있는데, 한 이름은 지장본원(地藏本願)이요, 또 한 이름은 지장본행(地藏本行)이요, 또 한 이름은 지장본서력경(地藏本誓力經)이다. 이 보살이 오랜 겁으로부터 중대한 서원을 발하며 중생들을 이익되게 함이다. 그러므로 그대들은 서원대로 유포하도록 하라."

보광보살이 부처님의 말씀을 다 듣고 나서, 믿고 받아 가지고, 합장하고 공경히 예배한 다음 물러갔다.

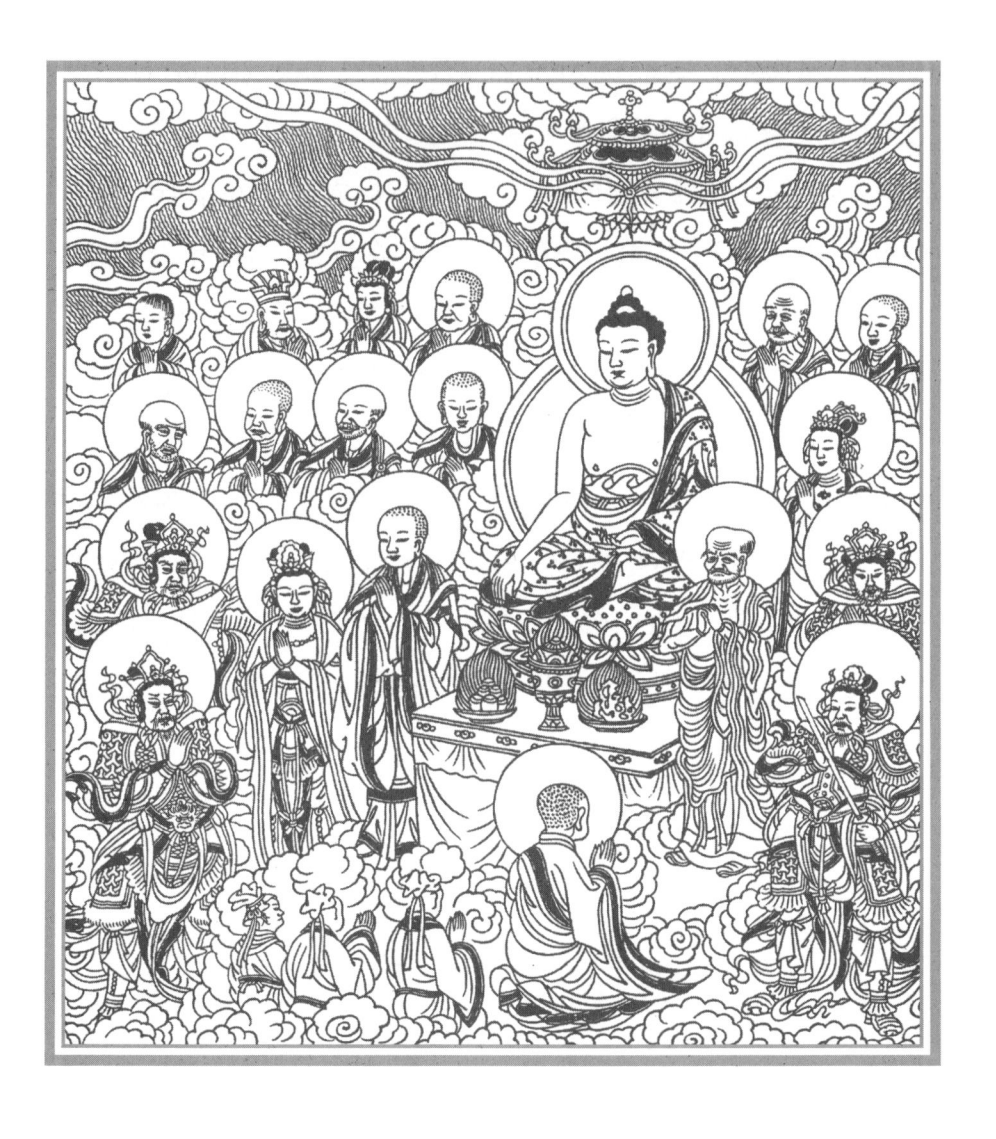

地藏菩薩本願經 下 지장보살본원경

利益存亡品 第七 이익존망품 제칠

爾時에 地藏菩薩摩訶薩이 白佛言하시되 世
이시 지장보살마하살 백불언 세

尊하 我觀是閻浮提衆生하니 擧足動念이
존 아관시염부제중생 거족동념

無非是罪라 若遇善利라도 多退初心하며 或
무비시죄 약우선리 다퇴초심 혹

一四九

遇惡緣하면 念念增益니하나 是等輩人은 如履
泥塗하며 負於重石하며 漸困漸重하여 足涉深
邃니하나 若得遇善知識하면 替與減負커나 或全
與負니하나 是善知識이 有大力故로 復相扶
助하며 勸令牢脚하여 若達平地는 須省惡路하여
無再經歷다입니 世尊이시 習惡衆生은 從纖毫

間하여 便至無量니하나 是諸衆生이 有如此習일새

간하여 변지무량 시제중생이 유여차습일새

臨命終時에 男女眷屬이 宜爲設福하여 以

임명종시에 남녀권속이 의위설복하여 이

資前路하되 或懸幡盖하고 及然油燈하며 或轉

자전로하되 혹현번개유등 급연유등하며 혹전

讀尊經하고 或供養佛像과 及諸聖像하며 乃

독존경하고 혹공양불상과 급제성상하며 내

至念佛菩薩과 及辟支佛名字를 一名一

지염불보살과 급벽지불명자일 일명일

號하여 歷臨終人耳根커나 或聞在本識하면 是

호하여 역임종인이근 혹문재본식하면 시

一五一

諸衆生의 所造惡業을 計其感果하여 必墮

惡趣라도 緣是眷屬의 爲其臨終之人하여 修

此聖因일새 如是衆罪悉皆消滅하리니 若能更

爲身死之後七七日內에 廣造衆善하면 能

使是諸衆生으로 永離惡趣하고 得生人天하여

受勝妙樂하며 現在眷屬도 利益無量이할것이니 是

故_로 我今_에 對佛世尊_과 及天龍八部人

非人等_{하여} 勸於閻浮提衆生_{하되} 臨終之日_에

愼勿殺生_{하고} 及造惡緣_{하며} 拜祭鬼神_{하여} 求

諸魍魎_{하라하노니} 何以故_오 爾所殺害_와 乃至拜

祭_히 無纖毫之力_도 利益亡人_{하고} 但結罪

緣_{하여} 轉增深重_{하나} 假使來世_{이나} 或現在生_에

得獲聖分하여 生人天中이라 緣是臨終에 被

諸眷屬의 造是惡因으로 亦令是命終人이

殃累對辯하여 晩生善處이케함 何況臨命終人이

在生에 未曾有小善根하면 各據本業하여 自

受惡趣하리 何忍眷屬이 更爲增業이어 譬如

有人이 從遠地來에 絶糧三日이요 所負擔

物이 强過百斤늘이어 忽遇隣人하여 更附小物하면

以是之故로 轉復困重世尊이여 我觀하니

閻浮衆生이 但能於諸佛教中에 乃至善

事를 一毛一滴과 一沙一塵도이라 如是利益을

悉皆自得 說是語時에 會中에 有一長

者하니 名曰大辯이라 是長者久證無生하여 化

度十方할새 現長者身이러니 合掌恭敬하시어 問地
藏菩薩言되시 大士여 是南閻浮提衆生이
命終之後에 大小眷屬이 爲修功德하되 乃
至設齋하여 造衆善因하면 是命終人이 得大
利益과 及解脫不잇가 地藏菩薩이 答言되시
長者여 我今에 爲未來現在一切衆生하여

承佛威力하시 略說是事하리다 長者여 未來現

在諸衆生等이 臨命終時에 得聞一佛名커나

一菩薩名커나 一辟支佛名하면 不問有罪無

罪하고 悉得解脫하리다 若有男子女人이 在生에

不修善因하고 多造衆罪하면 命終之後에 眷

屬大小爲造福利一切聖事하여 七分之中에

而乃獲一하고 六分功德은 生者自利니하나 以
이내획일 육분공덕 생자자리 이

是之故로 未來現在善男女等이 聞健自
시지고 미래현재선남녀등 문건자

修하면 分分全獲다하리
수 분분전획

冥冥遊神이 未知罪福하여 七七日內에 如
명명유신 미지죄복 칠칠일내

癡如聾하며 或在諸司하여 辯論業果하고 審定
치여농 혹재제사 변론업과 심정

之後에 據業受生니하나 未測之間에 千萬愁
지후 거업수생 미측지간 천만수

未來現在善男女等이 聞健自
미래현재선남녀등

無常大鬼不期而到하면
무상대귀불기이도

苦어든 何況墮於諸惡趣等오이리 是命終人이

未得受生하고 在七七日內하여 念念之間에

望諸骨肉眷屬의 與造福力救拔가하다 過是

日後에 隨業受報니하나 若是罪人이면 動經千

百歲中도하여 無解脫日이요 若是五無間罪로

墮大地獄하면 千劫萬劫에 永受衆苦니라 復

一五九

次長者여 如是罪業衆生은 命終之後에

眷屬骨肉이 爲修營齋하여 資助業道하되 未

齋食竟과 及營齋之次에 米泔菜葉을 不

棄於地하며 乃至諸食히 未獻佛僧하고 勿得

先食니하리 如有違食커나 及不精勤하면 是命終

人이 了不得力다하리 若能精勤護淨하여 奉獻

佛僧하면 是命終人이 七分에 獲一이라하리 是故로
불승 시명종인 칠분 획일 시고

長者여 閻浮衆生이 若能爲其父母와 乃
장자 염부중생 약능위기부모 내

至眷屬하여 命終之後에 設齋供養하되 至心
지권속 명종지후 설재공양 지심

勤懇하면 如是之人은 存亡獲利다하리 說是語
근간 여시지인 존망획리 설시어

勸懇하면 忉利天宮에 有千萬億那由他閻浮
시 도리천궁 유천만억나유타염부

鬼神이 悉發無量菩提之心하며 大辯長者는
귀신 실발무량보리지심 대변장자

歡喜奉敎하고 作禮而退라하니

閻羅王衆讚歎品 第八

爾時鐵圍山內에 有無量鬼王하니 與閻羅

天子로 俱詣忉利하여 來到佛所하니 所謂惡

毒鬼王과 多惡鬼王과 大爭鬼王과 白虎

鬼王과 血虎鬼王과 赤虎鬼王과 散殃鬼

王과 飛身鬼王과 電光鬼王과 狼牙鬼王과

千眼鬼王과 噉獸鬼王과 負石鬼王과 主

耗鬼王과 主禍鬼王과 主福鬼王과 主食

鬼王과 主財鬼王과 主畜鬼王과 主禽鬼

主獸鬼王과 主魅鬼王과 主産鬼王과

主命鬼王과 主疾鬼王과 主險鬼王과

三

目鬼王과 四目鬼王과 五目鬼王과 祁利 祁利

失王과 大祁利失王과 祁利叉王과 大祁

利叉王과 阿那吒王과 大阿那吒王과 如

是等大鬼王이 各各與百千諸小鬼王으로

盡居閻浮提하여 各有所執하며 各有所住하니

是諸鬼王이 與閻羅天子로 承佛威神과

及地藏菩薩摩訶薩力 俱詣忉利 在
一面立 爾時 閻羅天子胡跪合掌
白佛言 世尊 我等 今者 與諸鬼
王 承佛威神 及地藏菩薩摩訶薩力
方得詣此忉利大會 亦是我等 獲善
利故 我今 有小疑事 敢問世尊

唯願世尊이시 慈悲로 爲我宣說하소 佛告閻
유원세존이시 자비로 위아선설하소 불고염

羅天子하되 恣汝所問니하나 吾爲汝說하리 是時에
라천자하되 자여소문니하나 오위여설하리 시시에

閻羅天子瞻禮世尊옵고하시 及廻視地藏菩薩며하오
염라천자첨례세존옵고하시 급회시지장보살며하오

而白佛言되하시 世尊이시 我觀니하오 地藏菩薩이
이백불언되하시 세존이시 아관니하오 지장보살이

在六道中하사 百千方便으로 而度罪苦衆生되하시
재육도중하사 백천방편으로 이도죄고중생되하시

不辭疲倦나하니 是大菩薩이 有如是不可思
불사피권나하니 시대보살이 유여시불가사

一六六

議神通之事늘 然諸眾生이 脫獲罪報하다가였

未久之間에 又墮惡道니하 世尊이시 是地藏

菩薩이 旣有如是不可思議神力늘이어 云何

眾生이 而不依止善道하여 永取解脫이하나 唯

願世尊이시 爲我解說하소 佛告閻羅天子하시되

南閻浮提眾生이 其性이 剛強하여 難調難

一六七

伏커늘 是시大대菩보薩살이 於어百백千천劫겁에 頭두頭두救구拔발

如여是시衆중生생하여 早조令령解해脫탈케하며 是시諸제罪죄人인도 乃내

至지墮타大대惡악趣취히 菩보薩살이 以이方방便편力력으로 拔발出출

根근本본業업緣연하여 而이遣견悟오宿숙世세之지事사마는케하건 自자是시閻염

浮부衆중生생이 結결惡악習습重중하여 旋선出출旋선入입하여 勞노斯사

菩보薩살하고 久구經경劫겁數수하여 而이作작度도脫탈케하나니 譬비如여有유

一六八

人인이 迷失本家미실본가하고 誤入險道오입험도할새 其險道中기험도중에

多諸夜叉다제야차와 及虎狼獅子급호랑사자와 蚖蛇蝮蠍원사복갈하였더니

如是迷人여시미인이 在險道中재험도중하여 須臾之間수유지간에 卽즉

遭諸毒조제독커늘 有一知識유일지식이 多解大術다해대술하여 善禁선금

是毒시독과 乃及夜叉諸惡毒等내급야차제악독등이러니 忽逢迷人홀봉미인이

欲進險道욕진험도어늘 而語之言이어지언하되 咄哉돌재 男子남자여

一六九

爲何事故로 而入此路하며 有何異術인대 能

制諸毒냐이어 是迷路人이 忽聞是語하고 方知

險道하여 即便退步하며 求出此路어늘 是善知

識이 提携接手하고 引出險道하여 免諸惡毒하고

至于好道하여 令得安樂고케하 而語之言하되 咄

哉迷人아 自今以後에 勿履此道하라 此路

入者는 卒難得出하며 復損性命하리라 是迷路人도 亦生感動하며 臨別之時에 知識이 又言하되 若見知親과 及諸路人이 若男若女어든 言於此路에 多諸惡毒하여 喪失性命이라 無令是衆으로 自取其死하라하나니 是故로 地藏菩薩이 具大慈悲하여 救拔罪苦衆生하여 欲生天人

中하여 令受妙樂커든 是諸罪衆이 知業道苦하여
脫得出離하여 永不再歷니하나 如迷路人이 誤
入險道라가 遇善知識하여 引接令出하여 永不
復入하며 逢見他人하여 復勸莫入하면 自然히
因是迷故로 解脫離竟하며 更不復入이라하若
再履踐하여 猶尚迷誤하여 不覺舊曾所落險

道하고 或치실명하면 如墮惡趣衆生을 地藏

菩薩이 方便力故로 使令解脫하여 生人天

中여케하도 旋又再入하니 若業結重하면 永處地獄하여

無解脫時리라 爾時에 惡毒鬼王이 合掌恭

敬하여 白佛言되시 世尊이시여 我等諸鬼王이 其

數無量이라 在閻浮提하여 或利益人하며 或損

害人하여 各各不同은 然是業報다입니 使我眷

屬으로 遊行世界에 多惡少善이라 過人家庭커나

或城邑聚落莊園房舍에 或有男子女人이

修毫髮善事하되 乃至懸一幡一盖하며 少香

少華로 供養佛像과 及菩薩像하며 或轉讀

尊經하며 燒香供養一句一偈라도 我等鬼王이

敬禮是人하되 如過去現在未來諸佛하여 勅

諸小鬼에 各有大力과 及土地分하여 便令

衛護하여 不令惡事橫事와 惡病橫病과 乃

至不如意事近於此舍等處거든 何況入其

門戶리까 佛讚鬼王되하시 善哉善哉라 汝等과

及與閻羅天子로 能如是擁護善男子善

一七五

女人니하나 吾亦令於梵王帝釋하여 衛護汝等라하리

說是語時에 會中에 有一鬼王하니 名曰主

命이라하시 白佛言되하시 世尊여이시 我本業緣으로 主其

閻浮提人壽命하여 生時死時를 我皆主之니하나

在我本願는하여 甚欲利益마는이언 自是眾生이불 不

會我意하여 致令生死하여 俱不得安나케하니하이 何以

故고 是시 閻浮提人염부제인의 初生之時초생지시에 不問男불문남

女녀하고 將欲生時장욕생시에 但作善事단작선사하여 增益舍宅증익사택하면

自令土地자령토지로 無量歡喜무량환희하여 擁護子母옹호자모하여 得득

大安樂대안락하여 利益眷屬이익권속리케하니 或已生下혹이생하는하여 愼勿신물

殺生살생늘이어 取諸鮮味취제선미하여 供給産母공급산모하며 及廣聚급광취

眷屬권속하여 飲酒食肉음주식육하며 歌樂絃管가락현관하여 能令子능령자

一七七

母로 不得安樂나케하니 何以故오 是産難時에

有無數惡鬼와 及魍魎精魅가 欲食腥血커든

是我早令舍宅土地靈祇로 荷護子母하야

使令安樂하야 而得利益니케하 如是之人이 見

安樂故로 便合說福하야 答諸土地어늘 翻爲

殺生하야 集聚眷屬할새 以是之故로 犯殃自

受하여 子母俱損이케하나

又閻浮提臨命終人을

不問善惡하고 我欲令是命終之人으로 不落

惡道케하거든 何況自修善根하여 增我力故리까 是

閻浮提行善之人이 臨命終時에도 亦有百

千惡道鬼神이 或變作父母하며 乃至諸眷

屬하여 引接亡人하여 令落惡道나케하니 何況本造

惡者리까 世尊여 如是閻浮提男子女人이

臨命終時에 神識이 惛迷하여 不辨善惡하며

乃至眼耳히 更無見聞커든 是諸眷屬이 當

須設大供養하며 轉讀尊經하여 念佛菩薩名

號하면 如是善緣으로 能令亡者로 離諸惡道하고

諸魔鬼神이 悉皆退散다하리 世尊여 一切衆

生이 臨命終時에 若得聞一佛名커나 一菩
薩名하며 或大乘經典一句一偈하면 我觀如
是輩人은 除五無間殺生之罪하며 小小惡
業으로 合墮惡趣者라도 尋卽解脫하리 佛告主
命鬼王되시 汝大慈故로 能發如是大願하여
於生死中에 護諸衆生니하나 若未來世中에

有男子女人이 至生死時어든 汝莫退是願하고
總令解脫하여 永得安樂라케하되 鬼王이 白佛言하되
願不有慮서소 我畢是形토록 念念擁護閻浮
衆生하여 生時死時에 俱得安樂니케하려 但願諸
衆生이 於生死時에 信受我語하여 無不解
脫하여 獲大利益다이니 爾時에 佛告地藏菩薩되하시

是大鬼王主壽命者는 已曾經百千生中하여

作大鬼王하여 於生死中에 擁護衆生하나여

是大士慈悲願故로 現大鬼王身이언 實非

鬼也라 却後過一百七十劫하여 當得成佛니하리

號曰無相如來며 劫名은 安樂이요 世界名은

淨住라 其佛壽命은 不可計劫라이니 地藏菩

薩_살아 是_시大_대鬼_귀王_왕의 其_기事_사如_여是_시하여 不_불可_가思_사議_의며

所_소度_도天_천人_인도 亦_역不_불可_가限_한量_량이니

稱_칭佛_불名_명號_호品_품 第_제九_구

爾_이時_시에 地_지藏_장菩_보薩_살摩_마訶_하薩_살이 白_백佛_불言_언하사대 世_세

尊_존이시여 我_아今_금에 爲_위未_미來_래衆_중生_생하여 演_연利_이益_익事_사하여

於_어生_생死_사中_중에 得_득大_대利_이益_익케하나니 唯_유願_원世_세尊_존은 聽_청

我說之하소 佛告地藏菩薩되하시 汝今에 欲興

慈悲하여 救拔一切罪苦六道衆生하려 演不

思議事니라하 今正是時라 唯當速說하라 吾卽

涅槃하여 使汝로 早畢是願하며 吾亦無憂現

在未來一切衆生라하리 地藏菩薩이 白佛言되하시

世尊여이시 過去無量阿僧祇劫에 有佛出世니하시

一八五

號는 無邊身如來시라 若有男子女人이 聞

是佛名하고 暫生恭敬하면 卽得超越四十劫

生死重罪어든 何況塑畵形像하여 供養讚歎하면

其人獲福이 無量無邊라하리 又於過去恒河

沙劫에 有佛出世니하시 號는 寶勝如來시라 若

有男子女人이 聞是佛名하고 一彈指頃이나

發心歸依하면 是人은 於無上道에 永不退轉다하리

又於過去에 有佛出世하시 號는 波頭摩勝如來시라

若有男子女人이 聞是佛名하고 歷於耳根하면 是人은 當得千返生於六欲天中니하리

何況至心稱念까이리

又於過去不可說不可說阿僧祇劫에 有佛出世니하시 號는

獅子吼如來시라 若有男子女人이 聞是佛名하고 一念歸依하면 是人은 得遇無量諸佛하여 摩頂受記하리다 又於過去에 有佛出世하시니 號狗留孫佛이시라 若有男子女人이 聞是佛名하고 至心瞻禮커나 或復讚歎하면 是人은 於賢劫千佛會中에 爲大梵王하여 得授上記하리다 又

一八八

於過去(어과거)에 有佛出世(유불출세)하시니 號(호)는 毗婆尸佛(비바시불)이시라 若有男子女人(약유남자여인)이 聞是佛名(문시불명)하면 永不墮於(영불타어)惡道(악도)하고 常生人天(상생인천)하여 受勝妙樂(수승묘락)하리라 又於過去無量無數恒河沙劫(우어과거무량무수항하사겁)에 有佛出世(유불출세)하시니 號(호)는 多寶如來(다보여래)시니 若有男子女人(약유남자여인)이 聞是佛名(문시불명)하면 畢竟不墮惡道(필경불타악도)하고 常在天上(상재천상)하여 受勝妙樂(수승묘락)하리라

又_우於_어過_과去_거에 有_유佛_불出_출世_세니하시 號_호는 寶_보相_상如_여來_래시라

若_약有_유男_남子_자女_여人_인이 聞_문是_시佛_불名_명하고 生_생恭_공敬_경心_심하면

是_시人_인은 不_불久_구에 得_득阿_아羅_라漢_한果_과하리 又_우於_어過_과去_거

無_무量_량阿_아僧_승祇_지劫_겁에 有_유佛_불出_출世_세니하시 號_호는 袈_가裟_사

幢_당如_여來_래시라 若_약有_유男_남子_자女_여人_인이 聞_문是_시佛_불名_명하면

超_초一_일百_백大_대劫_겁生_생死_사之_지罪_죄다하리 又_우於_어過_과去_거에 有_유

佛出世하시니 號는 大通山王如來시라 若有男

子女人이 聞是佛名者는 是人이 得遇恒

河沙佛하사 廣爲說法하면 必成菩提라하리 又於

過去에 有淨月佛과 山王佛과 智勝佛과

淨名王佛과 智成就佛과 無上佛과 妙聲

佛과 滿月佛과 月面佛인 有如是等不可

說佛世尊이러시니 現在未來 一切衆生의 若

天若人과 若男若女로 但念得一佛名號도하여

功德이 無量이어든 何況多名이리 是衆生等은

生時死時에 自得大利하여 終不墮惡道다하리

若有臨命終人의 家中眷屬이 乃至一人이나

爲是病人하여 高聲으로 念一佛名하면 是命終

一九二

人인 除제五오無무間간大대罪죄하고 餘여業업報보等등은 悉실得득

消소滅멸니하리 是시五오無무間간大대罪죄가 雖수至지極극重중하여 動동

經경億억劫겁하여 了요不부得득出출마는이건 承승斯사臨임命명終종時시에

他타人인이 爲위其기稱칭念염佛불名명하야 於어是시罪죄中중도 亦역

漸점消소滅멸든이어 何하況황衆중生생의 自자稱칭自자念념하리 獲획福복

無무量량하고 滅멸無무量량罪죄이다하리

一九三

校量布施功德緣品 第十

爾時에 地藏菩薩摩訶薩이 承佛威神하사 從座而起하여 胡跪合掌하고 白佛言하사 世尊이시여 我觀業道衆生하여 校量布施컨대 有輕有重하여 有一生受福하며 有十生受福하며 有百生千生에 受大福利者하니 是事云何니까 唯願世

尊존
爲我說之위아설지하소
爾時이시에
佛告地藏菩薩불고지장보살하시

吾今於忉利天宮一切衆會오금어도리천궁일체중회에
說閻浮提설염부제
吾爲오위

布施校量功德輕重보시교량공덕경중하니
汝當諦聽여당체청하라
吾爲오위

汝說여설지라하리
地藏지장이
白佛言백불언하시되
我疑是事아의시사하니
願원

樂欲聞요욕문이다하나
佛告地藏菩薩불고지장보살되하시
南閻浮提남염부제에

有諸國王유제국왕과
宰輔大臣재보대신과
大長者대장자와
大刹대찰

一九五

利 大婆羅門等 若遇最下貧窮 乃

至癃殘瘖瘂聾癡無目 如是種種不完

具者 是大國王等 欲布施時 若能

具大慈悲 下心含笑 親手遍布施

或使人施 軟言慰喩 是國王等 所

獲福利 如布施百恒河沙佛功德之利

何以故오 緣是國王等이 於是最貧賤輩와

及不完具者에 發大慈悲心시고 是故로 福

利有如此報하여 百千生中에 常得七寶具

足하리니 何況衣食受用이리오 復次地藏아 若未

來世에 有諸國王至婆羅門等이 遇佛塔

寺어나 或佛形像나이어 乃至菩薩聲聞辟支佛

等像하여 躬自營辨하여 供養布施하면 是國王

等이 當得三劫에 爲帝釋身하여 受勝妙樂하리니

若能以此布施福利로 廻向法界하면 是大

國王等이 於十劫中에 常爲大梵天王이라하리

復次地藏아 若未來世에 有諸國王至婆

羅門等이 遇先佛塔廟어나 或至經像이 毀

一九八

壞破落하여 乃能發心修補하되 是國王等이

或自營辦커나 或勸他人하되 乃至百千人等하여

布施結緣하면 是國王等이 百千生中에 常

爲轉輪王身이요 如是他人의 同布施者는

百千生中에 常爲小國王身하며 更能於塔

廟前에 發廻向心하면 如是國王 乃及諸

人인 盡진成성佛불道도니하리 以이此차果과報보는 無무量량無무邊변이일새니라

復부次차地지藏장아 未미來래世세中중에 有유諸제國국王왕及급

婆바羅라門문等등이 見견諸제老노病병과 及급生생産산婦부女녀하고

若약一일念념間간이나 具구大대慈자心심하여 布보施시醫의藥약과 飮음

食식臥와具구하여 使사令령安안樂락하면 如여是시福복利리는 最최不

思사議의라 一일百백劫겁中중에 常상爲위淨정居거天천主주하며 二이

百劫中에 常爲六欲天主하고 畢竟成佛하여

永不墮惡道하며 乃至百千生中에 耳不聞

苦聲라하리 復次地藏아 若未來世中에 有諸

國王及婆羅門等이 能作如是布施하면

獲福無量하고 更能廻向하면 不問多少하고 畢

竟成佛이니하리 何況釋梵轉輪之報오이리 是故로

地藏이 普勸衆生하여 當如是學케하라 復次地

藏아 未來世中에 若善男子善女人이 於

佛法中에 種少善根을 毛髮沙塵等許라도

所受福利는 不可爲喩니라 復次地藏아 未

來世中에 若有善男子善女人이 遇佛形

像과 菩薩形像과 辟支佛形像과 轉輪王

形像하여 布施供養하면 得無量福이요 常在人

天하여 受勝妙樂니하리 若能廻向法界하면 是人

福利는 不可爲喩니라 復次地藏이 未來世

中에 若有善男子善女人이 遇大乘經典하여

或聽聞一偈一句하고 發殷重心하여 讚歎恭

敬하며 布施供養하면 是人은 獲大果報를 無

量無邊니하리 若能廻向法界하면 其福은 不可

爲喻리라 復次地藏아 若未來世中에 有善

男子善女人이 遇佛塔寺와 大乘經典하여

新者는 布施供養하며 瞻禮讚歎하며 恭敬合

掌하고 若遇故者어나 或毀壞者어든 修補營理하되

或獨發心하며 或勸多人하여 同共發心하면 如

是等輩(시등배)는 三十生中(삼십생중)에 常爲諸小國王(상위제소국왕)하고

檀越之人(단월지인)은 常爲輪王(상위륜왕)하여 還以善法(환이선법)으로 教(교)

化諸小國王(화제소국왕)이라하리 復次地藏(부차지장)아 未來世中(미래세중)에

若有善男子善女人(약유선남자선여인)이 於佛法中(어불법중)에 所種(소종)

善根(선근)하되 或布施供養(혹보시공양)하며 或修補塔寺(혹수보탑사)하며 或(혹)

裝理經典(장리경전)하되 乃至一毛一塵(내지일모일진)과 一沙一渧(일사일제)라도

如是善事를 但能廻向法界하면 是人功德은 百千生中에 受上妙樂하리 如但廻向自家 眷屬이어 或自身利益하면 如是之果는 即三生樂이라 捨一得萬報리니 是故로 地藏아 布施因緣이 其事如是니라

地神護法品 第十一

爾時_에 堅牢地神_이 白佛言_{하시되} 世尊_아 我
從昔來_로 瞻仰頂禮無量菩薩摩訶薩_{하니}
皆是大不可思議_인 神通智慧_로 廣度衆
生_{마는} 是地藏菩薩摩訶薩_은 於諸菩薩_{보다}
誓願_이 深重_{이다하나} 世尊_{이시여} 是地藏菩薩_이 於
閻浮提_에 有大因緣_{니하시} 如文殊普賢觀音

彌勒 亦化百千身形하여 度於六道되하시 其기

願이 尚有畢竟시니와 是地藏菩薩은 教化六

道一切眾生하시 所發誓願劫數는 如千百

億恒河沙니라 世尊이시여 我觀니하오 未來及現在

眾生이 於所住處이나 於南方清潔之地에

以土石竹木으로 作其龕室하고 是中에 能塑

畵하되 乃至金銀銅鐵로 作地藏形像하고 燒

香供養하며 瞻禮讚歎하면 是人居處에 卽得

十種利益하니라 何等이 爲十고 一者는 土地

豊壤이요 二者는 家宅永安이요 三者는 先亡

生天이요 四者는 現存益壽요 五者는 求者

遂意요 六者는 無水火災요 七者는 虛耗

辟除벽제 八者팔자는 杜絶惡夢이요두절악몽 九者구자는 出入출입

神護신호 十者십자는 多遇聖因다우성인하리 世尊세존이시, 未來미래

世中세중과 及現在衆生이급현재중생 若能於所住處方약능어소주처방 未來미래

面에면 作如是供養하면작여시공양 得如是利益다하리득여시이익 堅牢견뢰

地神이지신 復白佛言되하사부백불언 世尊여이시세존 未來世中에미래세중

若有善男子善女人이약유선남자선여인 於所住處에어소주처 見此견차

經典과 及菩薩像하고 是人이 更能轉讀經

典하며 供養菩薩하면 我常日夜에 以本神力으로

衛護是人하여 乃至水火盜賊이며 大橫小橫이며

一切惡事를 悉皆消滅케하리라 佛告地神하시되

牢야 汝의 大神力은 諸神의 少及이니 何以

故오 閻浮土地悉蒙汝護하며 乃至草木沙

石과 稻麻竹葦와 穀米寶貝히 從地而有는

皆因汝力이어 又當稱揚地藏菩薩利益之

事니하나 汝之功德과 及以神通은 百千倍於

常分地神이라하니 若未來世中에 有善男子善

女人이 供養菩薩하며 及轉讀是經하되 但依

地藏本願經하여 一事修行者라도 汝以本神

二一二

力으로 而擁護之하여 勿令一切災害와 及不

如意事輒聞於耳어든 何況令受오리非但汝의 諸天眷

獨護是人故하고 亦有釋梵眷屬과 諸天眷屬이

屬이 擁護是人하리니 何故로 得如是聖賢의

擁護어뇨 皆由瞻禮地藏形像하며 及轉讀是

本願經故로 自然畢竟에 出離苦海하여 證

二一三

涅槃樂(열반락)니 하리 以是之故(이시지고)로 得大擁護(득대옹호)니 하라

見聞利益品(견문이익품) 第十二(제십이)이

爾時(이시)에 世尊(세존)이 從頂門上(종정문상)하사 放百千萬億(방백천만억)

大毫相光(대호상광)니 하시 所謂白毫相光(소위백호상광)과 大白毫相(대백호상)

光(광)이며 瑞毫相光(서호상광)과 大瑞毫相光(대서호상광)이며 玉毫相(옥호상)

光(광)과 大玉毫相光(대옥호상광)이며 紫毫相光(자호상광)과 大紫毫(대자호)

相光이며 靑毫相光과 大靑毫相光이며 碧毫

相光과 大碧毫相光이며 紅毫相光과 大紅

毫相光이며 綠毫相光과 大綠毫相光이며 金

毫相光과 大金毫相光이며 慶雲毫相光과

大慶雲毫相光이며 千輪毫光과 大千輪毫

光이며 寶輪毫光과 大寶輪毫光이며 日輪毫

光_과 大日輪毫光_{이며} 月輪毫光_과 大月輪

毫光_{이며} 宮殿毫光_과 大宮殿毫光_{이며} 海雲

毫光_과 大海雲毫光_{이니} 於頂門上_에 放如

是等毫相光已_{고하시} 出微妙音_{하사} 告諸大衆_과

天龍八部人非人等_{되하시} 聽吾今日_에 於忉

利天宮_에 稱揚讚歎地藏菩薩_의 於人天

中에 利益等事와 不思議事와 超聖因事와

證十地事와 畢竟不退阿耨多羅三藐三

菩提事하라 說是語時에 會中에 有一菩薩

摩訶薩이 名은 觀世音이라 從座而起하사 胡

跪合掌하여 白佛言하사되 世尊이시여 是地藏菩薩

摩訶薩이 具大慈悲하사 憐愍罪苦衆生하여

二一七

於千萬億世界_에 化千萬億身_{하사} 所有功

德_과 及不思議威神之力_을 我已聞世尊_이

與十方無量諸佛_과 異口同音_{으로} 讚歎地

藏菩薩_{하시오니} 云何使過去現在未來諸佛_이

說其功德_{하여도} 猶不能盡_{이니까} 向者_에 又蒙世

尊_이 普告大衆_{하시되} 欲稱揚地藏利益等事_{하시오니}

二一八

唯願世尊(유원세존) 爲現在未來一切衆生(위현재미래일체중생) 稱(칭)

揚地藏不思議事(양지장부사의사) 令天龍八部(영천룡팔부) 瞻禮(첨례)

獲福(획복) 佛告觀世音菩薩(불고관세음보살) 汝於娑婆世(여어사바세)

界(계) 有大因緣(유대인연) 若天若龍(약천약룡)

若神若鬼(약신약귀) 乃至六道罪苦衆生(내지육도죄고중생) 聞汝(문여)

名者(명자) 見汝形者(견여형자) 戀慕汝者(연모여자) 讚歎汝(찬탄여)

者는 是諸衆生이 悉於無上道에 必不退
轉하여 常生人天하여 具受妙樂하여 因果將熟하면
遇佛授記라하리 汝今에 具大慈悲하여 憐愍衆
生과 及天龍八部하여 欲聽吾의 宣說地藏
菩薩不思議利益之事하니 汝當諦聽하라 吾
今說之라하리 觀世音이 言되하시 唯然世尊
願

二二〇

樂欲聞이다 佛告觀世音菩薩하시 未來現在 諸世界中에 有天人이 受天福盡하여 有五 衰相이 現하여 或有墮於惡道之者라도 如是 天人의 若男若女當現相時하여 或見地藏 菩薩形像커나 或聞地藏菩薩名하고 一瞻一 禮하면 是諸天人이 轉增天福하여 受大快樂하고

永不墮三惡道報라하리 何況見聞菩薩하고 以이

諸香華衣服飲食과 寶貝瓔珞으로 布施供

養하면 所獲功德福利는 無量無邊이라하리 復次부차

觀世音아 若未來現在諸世界中에 六道

衆生이 臨命終時에 得聞地藏菩薩名하되

一聲이나 歷耳根者는 是諸衆生이 永不歷

三惡道苦
삼악도고
니하리
何況
하황
臨命終時
임명종시
에
父母眷屬
부모권속
이

將是命終人
장시명종인
의
舍宅財物
사택재물
과
寶貝衣服
보패의복
으로

塑畫地藏形像
소화지장형상
커나
或使病人未終之時
혹사병인미종지시
에

或眼耳見聞
혹안이견문
하여
知道眷屬
지도권속
이
將舍宅寶貝
장사택보패

等
등
하여
爲其自身
위기자신
하여
塑畫地藏菩薩形像
소화지장보살형상
하면

是人
시인
이
若是業報
약시업보
로
合受重病者
합수중병자
라도
承斯
승사

功德하여 尋卽除愈하고 壽命이 增益하며 是人이

若是業報命盡하여 應有一切罪障業障으로

合墮惡趣者라도 承斯功德하여 命終之後에

卽生人天하여 受勝妙樂하고 一切罪障은 悉

皆消滅하리라 復次觀世音菩薩아 若未來世에

有男子女人이 或乳哺時어나 或三歲五歲와

十歲已下에 亡失父母커나 乃及亡失兄弟커나

姉妹하고 是人이 年旣長大하여 思憶父母와

及諸眷屬하여 不知落在何趣하며 生何世界하며

生何天中하여 是人이 若能塑畵地藏菩薩

形像커나 乃至聞名하고 一瞻一禮커나 一日至

七日히 莫退初心하고 聞名見形하며 瞻禮供

養하면 是人眷屬이 假因業故로 墮惡趣者라

計當劫數라도 承斯男女兄弟姉妹塑畫地

藏形像하여 瞻禮功德으로 尋卽解脫하고 生人

天中하여 受勝妙樂者며 是人의 眷屬이 如

有福力하여 已生人天하여 受勝妙樂者는 卽

承斯功德하여 轉增聖因하고 受無量樂니하리 是

人인 更갱能능三삼七칠日일中중에 一일心심瞻첨禮례地지藏장菩보
薩살形형像상하여 念념其기名명字자하되 滿만於어萬만遍편하면 當당得득
菩보薩살이 現현無무邊변身신하여 具구告고是시人인眷권屬속의 生생
界계하며 或혹於어夢몽中에 菩보薩살이 現현大대神신力력하여 親친
領령是시人인하여 於어諸제世세界계에 見견諸제眷권屬속 更갱能능
每매日일에 念념菩보薩살名명千천遍편하여 至지于우千천日일하면 是시

二二七

人_인은 當_당得_득菩_보薩_살이 遣_견이니 所_소在_재土_토地_지鬼_귀神_신하여

終_종身_신衛_위護_호하며 現_현世_세에 衣_의食_식이 豊_풍溢_일하고 無_무諸_제

疾_질苦_고하며 乃_내至_지橫_횡事_사를 不_불入_입其_기門_문케하거든 何_하況_황及_급

身_신是_시人_인이 畢_필竟_경에 得_득菩_보薩_살의 摩_마頂_정授_수記_기라하리

復_부次_차觀_관世_세音_음菩_보薩_살아 若_약未_미來_래世_세에 有_유善_선男_남

子_자善_선女_여人_인이 欲_욕發_발廣_광大_대慈_자心_심하여 救_구度_도一_일切_체

衆生者와 欲修無上菩提者와 欲出離三界者는 是諸人等이 見地藏形像하며 及聞名者至心歸依커나 或以香華衣腹과 寶貝飮食으로 供養瞻禮하면 是善男女等의 所願이 速成하여 永無障碍라하리 復次觀世音아 若未來世에 有善男子善女人이 欲救現在未

來百千萬億等願과 百千萬億等事어든 但단

當歸依瞻禮供養讚歎地藏菩薩形像하면

如是所願所求를 悉皆成就하며 復願地藏

菩薩이 具大慈悲하사 永擁護我하면 是人이

於睡夢中에 即得菩薩의 摩頂授記라하리 復

次觀世音菩薩아 若未來世에 善男子善

女人이 於大乘經典에 深生珍重하여 發不思議心하여 欲讀欲誦하며 縱遇明師하여 敎示令熟도하여 旋得旋忘하여 動經年月하되 不能讀誦하나 是善男女等이 有宿業障하여 未得消除故로 於大乘經典에 無讀誦性하니 如是之人이 聞地藏菩薩名하며 見地藏菩薩像하고

具以本心으로 恭敬陳白하며 更以香華衣服

飲食과 一切玩具로 供養菩薩하고 以淨水

一盞으로 經一日一夜하여 安菩薩前然後에

合掌請服하되 廻首向南하고 臨入口時에 至

心鄭重하여 服水旣畢하고 愼五辛酒肉과 邪

淫妄語와 及諸殺生을 一七日或三七日하년

是善男子善女人이 於睡夢中에 其見地
藏菩薩이 現無邊身하여 於是人處에 授灌
頂水니하리 其人이 夢覺하면 即獲聰明하여 應是
經典을 一歷耳根하면 即當永記하여 更不忘
失一句一偈라하리 復次觀世音菩薩아 若未
來世에 有諸人等이 衣食이 不足하여 求者

二三三

乖願하며 或多疾病하며 或多凶衰하여 家宅이
不安하고 眷屬이 分散하며 或諸橫事多來忤
身하고 睡夢之間에 多有驚怖어든 如是人等이
聞地藏名커나 見地藏形하고 至心恭敬하여 念
滿萬遍하면 是諸不如意事漸漸消滅하여 即
得安樂하고 衣食이 豐溢하며 乃至於睡夢中에도

悉皆安樂 復次觀世音菩薩 若未來

世有善男子善女人 或因治生 或

因公私 或因生死 或因急事 入山

林中 過渡河海 乃及大水 或經險

道是人 先當念地藏菩薩名萬遍

所過土地鬼神 衛護 行住坐臥 永

保安樂하며 乃至逢於虎狼獅子와 一切毒

害하여 不能損之라하리 佛告觀世音菩薩하시 是

地藏菩薩이 於閻浮提에 有大因緣하니 若

說於諸衆生에 見聞利益等事인대 百千劫

中에 說不能盡라하리 是故로 觀世音아 汝以

神力으로 流布是經하여 令娑婆世界衆生으로

百千萬劫

백천만겁에　永受安樂 영수안락라케하

爾時世尊 이시세존이　而說偈言 이설게언되하시

吾觀地藏威神力 오관지장위신력하니　恒河沙劫說難盡 항하사겁설난진이로

見聞瞻禮一念間 견문첨례일념간하면　利益人天無量事 이익인천무량사라하리

若男若女若龍神 약남약녀약용신이　報盡應當墮惡道 보진응당타악도라도

至心歸依大士身 지심귀의대사신하면　壽命轉增除罪障 수명전증제죄장라하리

少失父母恩愛者하고 未知魂神在何趣하며

兄弟姊妹及諸親을 生長以來皆不識하여

或塑或畫大士身하고 悲戀瞻禮不暫捨하여

三七日中念其名하면 菩薩當現無邊體하여

示其眷屬所生界하고 縱墮惡趣尋出離하며

若能不退是初心하면 卽獲摩頂授聖記하리라

欲修無上菩提者와 乃至出離三界苦인댄

是人旣發大悲心하여 先當瞻禮大士像하면

一切諸願速成就하여 永無業障能遮止라하리

有人發心念經典하여 欲度群迷超彼岸할새

雖立是願不思議하여 旋讀旋忘多廢失은

斯人有業障惑故로 於大乘經不能記니하나

二三九

供養地藏以香華

공양지장이향화와 衣服飮食諸玩具하고

以淨水安大士前하여 一日一夜求服之하되

發殷重心愼五辛과 酒肉邪淫及妄語하며

三七日內勿殺害하고 至心思念大士名하면

即於夢中見無邊하고 覺來便得利眼耳하여

應是經教歷耳聞하면 千萬生中永不忘니하리

以是大士不思議로 能使斯人獲此慧니라

貧窮衆生及疾病과 家宅凶衰眷屬離하며

睡夢之中悉不安하고 求者乖違無稱遂라도

至心瞻禮地藏像하면 一切惡事皆消滅하고

至於夢中盡得安하며 衣食豊饒神鬼護리라

欲入山林及渡海하여 毒惡禽獸及惡人과

惡神惡鬼幷惡風과 一切諸難諸苦惱라도

但當瞻禮及供養을 地藏菩薩大士像하면

如是山林大海中도 應是諸惡皆消滅하리라

觀音至心聽吾說하라 地藏無量不思議를

百千萬劫說不周니하리 廣宣大士如是力하라

地藏名字人若聞커나 乃至見像瞻禮者는

香華衣服飲食奉하고 供養百千受妙樂하리니

若能以此回法界하면 畢竟成佛超生死하리니

是故觀音汝當知하여 普告恒沙諸國土하라

囑累人天品 第十三

爾時에 世尊이 擧金色臂하사 又摩地藏菩

薩摩訶薩頂하시고 而作是言하시되 地藏地藏아

二四三

汝之神力이 不可思議며 汝之慈悲不可
思議며 汝之智慧不可思議며 汝之辯才
不可思議라 正使十方諸佛이 讚歎宣說
汝之不思議事하여 千萬劫中에 不能得盡라
地藏地藏아 記吾今日에 在忉利天中하여
於百千萬億不可說不可說一切諸佛菩

薩天龍八部大會之中에 再以人天諸衆生等이 未出三界하여 在火宅中者를 付囑於汝하노 無令是諸衆生으로 墮惡趣中에 一日一夜어든 何況更落五無間과 及阿鼻地獄하여 動經千萬億劫하여 無有出期리오 地藏아 是南閻浮提衆生이 志性이 無定하여 習惡

二四五

者多하고 縱發善心하여 須臾卽退하며 若遇惡

緣하면 念念增長하나 以是之故로 吾分是形

百千億하여 化度하되 隨其根性하여 而度脫之하나

地藏아 吾今에 慇懃히 以天人衆으로 付囑

於汝하노 未來之世에 若有天人及善男子

善女人이 於佛法中에 種少善根하되 一毛

一塵_{일진}이며 一沙一滯_{일사일제}라도 汝以道力_{여이도력}으로 擁護是_{옹호시}

人_인하여 漸修無上_{점수무상}하여 勿令退失_{물령퇴실}라케하 復次地藏_{부차지장}아

未來世中_{미래세중}에 若天若人_{약천약인}이 隨業報應_{수업보응}하여 落_낙

在惡趣_{재악취}니 臨墮趣中_{임타취중}하여 或至門首_{혹지문수}도 是諸_{시제}

衆生_{중생}이 若能念得_{약능념득} 一佛名_{일불명}커나 一菩薩名_{일보살명}하며

一句一偈_{일구일게}인 大乘經典_{대승경전}커든 是諸衆生_{시제중생}을 汝_여

二四七

以神力으로 方便救拔하여 於是人所에 現無

邊身하여 爲碎地獄하고 遣令生天하여 受勝妙

樂케하 爾時世尊이 而說偈言하시되

現在未來天人衆을 吾今慇懃付囑汝하노니

以大神通方便度하여 勿令墮在諸惡趣라케하

爾時에 地藏菩薩摩訶薩이 胡跪合掌하고

白佛言하사 世尊은 唯願世尊은 不以爲慮하소서

未來世中에 若有善男子善女人이 於佛

法中에 一念恭敬하면 我亦百千方便으로 度

脫是人하여 於生死中에 速得解脫케하리니 何況

聞諸善事하고 念念修行하면 自然於無上道에

永不退轉까이니 說是語時에 會中에 有一菩

二四九

薩名은 虛空藏이라 白佛言하시되 世尊 我
自至忉利하여 聞於如來의 讚歎地藏菩薩의
威神勢力이 不可思議니이오 未來世中에 若
有善男子善女人과 乃及一切天龍이 聞
此經典과 及地藏名字하고 或瞻禮形像하면
得幾種福利니까 唯願世尊이시 爲未來現在

一切衆等하사 略而說之하소 佛告虛空藏菩

일체중등하사 약이설지하소 불고허공장보

薩되하시 諦聽諦聽하라 吾當爲汝하여 分別說之라하리

살되하시 체청체청하라 오당위여하여 분별설지라하리

若未來世에 有善男子善女人되하시 見地藏

약미래세에 유선남자선여인되하시 견지장

形像하며 及聞此經하고 乃至讀誦하며 香華飮

형상하며 급문차경하고 내지독송하며 향화음

食과 衣服珍寶로 布施供養하고 讚歎瞻禮하면

식과 의복진보로 보시공양하고 찬탄첨례하면

得二十八種利益니하리 一者는 天龍護念이요

득이십팔종이익니하리 일자는 천룡호념이요

二五一

二者는 善果日增이요

三者는 集聖上因이요

四者는 菩提不退요

五者는 衣食豊足이요

六者는 疾疫不臨이요

七者는 離水火災요

八者는 無盜賊厄이요

九者는 人見欽敬이요

十者는 鬼神助持요

十一者는 女轉男身이요

十二者는 爲王臣女요

十三者는 端正相

好요 十四者는 多生天上이요 十五者는 或혹
爲帝王이요 十六者는 宿智命通이요 十七者는
有求皆從이요 十八者는 眷屬歡樂이요 十九
者는 諸橫消滅이요 二十者는 業道永除야
二十一者는 去處盡通이요 二十二者는 夜
夢安樂이요 二十三者는 先亡離苦요 二十

二五三

四者는 宿福受生이요 二十五者는 諸聖讚

歎이요 二十六者는 聰明利根이요 二十七者는

饒慈愍心이요 二十八者는 畢竟成佛이니 復

次虛空藏菩薩아 若現在未來天龍鬼神이

聞地藏菩薩名號커나 禮地藏菩薩形像커나

或聞地藏菩薩本願等事하고 修行讚歎瞻

禮_례하면　得_득七_칠種_종利_이益_익이니하리　一_일者_자는　速_속超_초聖_성地_지요

二_이者_자는　惡_악業_업消_소滅_멸이요　三_삼者_자는　諸_제佛_불護_호臨_림이요

四_사者_자는　菩_보提_리不_불退_퇴요　五_오者_자는　增_증長_장本_본力_력이요

六_육者_자는　宿_숙命_명皆_개通_통이요　七_칠者_자는　畢_필竟_경成_성佛_불이니

爾_이時_시에　十_시方_방一_일切_체諸_제如_여來_래不_불可_가說_설不_불可_가說_설

一_일切_체諸_제佛_불如_여來_래와　及_급大_대菩_보薩_살과　天_천龍_룡八_팔部_부

聞釋迦牟尼佛의 稱揚讚歎地藏菩薩大威神力不可思議하시고 歎未曾有是時忉利天에 雨無量香華와 天衣珠瓔하여 供養釋迦牟尼佛과 及地藏菩薩已하오며 一切衆會俱復瞻禮하시고 合掌而退라하니

二五六

한글 지장보살본원경 下

무비스님

제7, 산 사람과 죽은 사람이 모두 이익함[利益存亡品]

그 때에 지장보살 마하살이 부처님께 말씀드렸다.

"세존이시여, 제가 관찰하니 이 염부제 중생들이 발을 옮기고 생각을 움직임이 죄 아님이 없습니다. 설사 좋은 이익을 만나더라도 처음 먹은 마음이 흔히 물러납니다. 그래서 혹 나쁜 인연을 만나게 되면 순간 순간마다 죄가 더하여지게 됩니다. 이러한 사람은 마치 진흙 길을 가는데 무거운 돌을 짊어진 것과 같아서 갈수록 피곤하고 갈수록 무거워져서 발이 점점 깊이 빠져드는 것과 같습니다. 다행히 선지식을 만나면 그 무거운 짐을 덜어서 대신 지어다 주거나 혹은 전부 다 지어다 주게 됩니다. 이 선지식은 큰 힘이 있기 때문에 서로 도와주며 붙들어 주고 권해서 그로 하여금 다리를 굳건하게 해 줍니다. 그러다가 만약 평지에 이르게 되면 걸어온 험한 길을 돌아보고는 다시는 험한 길을 지나가지 아니합니다.

세존이시여, 악을 익히는 중생들은 작은 털 끝만한 것에서 시작하여 곧 한량없는 데까지 이르게 되는데 이 모든 중생들이 이와 같은 습관이 있으므로 목숨이 다할 때에 남녀의 권속이 마땅히 그를 위해 복을 베풀어 앞길을 도우며 혹 깃발과 일산을 달며, 혹 기름 등잔을 켜며, 혹 좋은 경전을 독송하며, 혹 불상과 여러 성상(聖像)에 공양을 올리며, 혹 부처님과 보살과 벽지불의 이름을 하나하나 분명하게 불러서 임종하는 사람의 귀에 들리게 하거나, 혹은 근본식(根本識)에 남아 있게 합니다. 그렇게 하면 이 모든 중생들이 자신이 지은 악업으로 그 과보를 느끼게 됨을 헤아려보아 반드시 악취에 떨어지게 될지라도 권속들의 그 임종하는 사람을 위하여 이러한 성스러운 인연을 닦음으로써 이와 같이 많은 죄가 모두 소멸될 것입니다.

　만약 육신이 죽은 뒤 사십구(四十九)일 이내에 여러 가지 선한 일을 하게 되면, 능히 이 모든 중생으로 하여금 영원히 악취를 여의고 인간이나 하늘에 태어남을 얻어 수승한 즐거움을 받게 될 것입니다. 지금 살아 계신 권속들의 이익도 한량이 없을 것이니 이러한 까닭으로 제가 지금 부처님과 천룡 팔부와 사람인 듯 아닌 듯한 이들의 증명하에 염부제 중생들에게 권하기를, 임종하는 날 산목숨을 죽이지 말고, 나쁜 인연을 짓지 말며, 귀신에게 절하여 제사하지 말고, 모든 도깨비들에게 구하는 일을 하지 말도록 합니다.

　왜냐하면 산목숨을 죽이고 내지 귀신에게 절하여 제사 지낸다고 하는 것은, 작은 먼지만큼도 돌아가신 분에게 이익이 없으며 다만 죄악의 인연만 더욱 깊이 맺어집니다. 가령 내생이나 혹은 현생에 성인의 힘을 입어 인간이나 하늘에 태어나게 된다 할지라도 임종 때 여러 권속들이 이러한 나쁜 인연을 지은 관계로 목숨을 마친 사람이 여러 가지 허물들을 변명하느라고 좋은 곳에 태어나는 것이 늦어집니다. 하물며 목숨을 마치는 사람이 살아 있을 때 조그마한 선근도 쌓지 못하였다면 자신이 지은 업에 의하여 스스로 악도에 떨어지는 과보를 받게 될 것입니다. 이치가 그러하거늘 어찌 차마 권속마저 다시 업을 더 무겁게 해서야 되겠습니까?

　비유하자면 어떤 사람이 먼 곳에서 오는데 식량이 떨어진 지 사흘이나 되고, 지고 있는 짐은 백 근이 넘는데, 문득 이웃에 사는 사람을 만나서 다시 작은 물건을 부탁 받게 되면 이것 때문에 점점 더 피곤하고 짐은 더욱 무거워 지는 것과 같습니다.

　세존이시여, 제가 살펴보니 염부제 중생들이 다만 부처님의 가르침 가운데서 선한 일을 터럭 하나, 물 한 방울, 모래알 하나, 먼지 하나만큼만 했어도 이와 같은 이익을 모두 다 자기 자신이 얻게 될 것입니다."

　이 말씀을 설하실 때에 법회 중에 한 장자가 있어 이름을 대변(大辯)이라 했는데, 이 장자는 오래 전부터 생사가 없는 도리를 깨달아서 시방의 중생들을 교화하다가 지금은 장자의 몸을 나타낸 분이다. 합장 공경하고 지장보살에게 물었다.

"지장보살이시여, 이 남염부제의 중생들이 목숨을 마친 뒤에 그의 권속들이 그를 위하여 공덕을 닦고 재를 베풀어서 많은 선한 일을 하면 이 목숨을 마친 사람이 큰 이익과 해탈을 얻게 됩니까?"

지장보살이 대답하였다.

"장자여, 내 지금 미래와 현재의 일체 중생들을 위하여 부처님의 위신력을 받들어 간략하게 이 일에 대해 설명하겠습니다.

장자여, 미래와 현재의 모든 중생들이 목숨을 마치는 날에 한 부처님의 명호나 한 보살의 명호나 한 벽지불의 명호를 얻어 듣게 되면 죄가 있고 죄가 없고를 불문하고 모두 해탈을 얻게 됩니다.

만약 어떤 남자난 여인이 살아 있을 때 좋은 일을 하지 않고 여러 가지 죄를 많이 지으면 목숨을 마친 뒤에 그의 여러 권속들이 그를 위하여 여러 가지 성스러운 일을 지어서 복되게 하더라도 7분 가운데 그 1분만을 얻게 되고, 나머지 6분의 공덕은 살아 있는 사람의 이익이 됩니다. 이러한 까닭으로 미래와 현재의 선남자와 선여인들은 잘 들어서 스스로 닦으면 그 낱낱의 공덕을 온전히 얻게 됩니다.

덧없음(無常)의 큰 귀신이 기약 이 닥쳐오면 어둠 속을 헤매는 혼령들은 자신의 죄와 복을 알지 못하여 49일 동안 바보와 같고 귀머거리와 같이 있다가, 염라대왕 앞에서 업의 과보를 변론하여 판정한 뒤에는 업에 따라 태어나게 됩니다. 자신은 알지도 못하는 사이에 천만 가지 근심과 고통이 따릅니다. 하물며 다른 여러 곳의 악도에 떨어진다면 어찌 되겠습니까?

목숨을 마친 사람이 아직 태어나기 전 49일 안에 순간순간마다 모든 골육과 권속이 복을 지어 구원하여 줄 것을 바라다가 이 날이 지난 뒤에는 오직 자신이 지은 업에 따라 과보를 받을 뿐입니다.

만약 이러한 죄인이라면 천 세를 지내더라도 해탈할 날이 없을 것이며, 만약 그가 5무간죄를 지어서 큰 지옥에 떨어지게 되면 천 겁이나 만 겁 동안 여러 가지 고통을 영원히 받을 것입니다.

다시 또 장자여, 이와 같은 죄업의 중생들은 목숨을 마친 뒤에 권속이나 골육이 그를 위해서 재를 올려서 복을 닦아 그의 업을 돕되 잿밥을 마치기 전과 재를 올리고 있을 때에도 쌀뜨물이나 채소 잎들을 땅에 버리지 말고, 모든 음식을 부처님과 스님에게 드리지 아니했거든 먼저 먹지 말아야 합니다.

만약 먹는 순서를 어겨서 먼저 먹거나 정미롭고 성실하게 하지 아니하면 목숨을 마친 사람이 마침내 구원의 힘을 얻지 못하게 됩니다. 만약 정미롭게 하고 청정하게 해서 부처님과 스님에게 받들어 올리면 이 목숨을 마친 사람은 7분 중에 하나를 얻게 됩니다. 그러므로 장자여, 염부제 중생들이 만약 그의 부모와 권속을 위하여 목숨을 마친 뒤에 재를 베풀어서 공양을 올리되 지극한 마음으로 부지런히 정성껏 하면 이러한 사람은 살아있는 사람도 돌아가신 분도 다 함께 이익을 얻게 됩니다.”

이 말씀을 설하실 때에 도리천궁에 천만억 나유타나 되는 염부제의 귀신들이 모두 한량없는 보리심을 발하였으며, 대변장자도 환희하는 마음으로 가르침을 받들어 예배를 올린 뒤에 물러갔다.

제8, 염라왕들이 찬탄하다[閻羅王衆讚歎品]

그 때에 철위산 안의 많은 귀왕들이 염라천자와 함께 도리천에 와서 부처님이 계신 곳에 이르렀다.

이른바 악독귀왕과 다악귀왕과 대쟁귀왕과 백호귀왕과 혈호귀왕과 적호귀왕과 산앙귀왕과 비신귀왕과 전광귀왕과 낭아귀왕과 천왕귀왕과 담수귀왕과 부석귀왕과 주모귀왕과 주화귀왕과 주복귀왕과 주식귀왕과 주재귀왕과 주축

귀왕과 주금귀왕과 주수귀왕과 주매귀왕과 주산귀왕과 주명귀왕과 주질귀왕과 주험귀왕과 삼목귀왕과 사목귀왕과 오목귀왕과 기리실왕과 대기리실왕과 기리차왕과 대기리차왕과 아나타왕과 대아나타왕이었다.

이러한 대귀왕들이 각각 백천이나 되는 여러 소귀왕을 거느리고 모두 염부제에 살고 있으면서 각각 맡은 것이 있고, 각각 머무르는 곳이 있었는데, 이러한 모든 귀왕들이 염라천자로 더불어 부처님의 위신력과 지장보살마하살의 힘을 받들어 함께 도리천에 참예하여 한 쪽에 공손히 서 있었다.

그 때에 염라천자가 호궤합장하고 부처님께 말씀드렸다.

"세존이시여, 저희들은 지금 여러 귀왕과 더불어 부처님의 위신력과 지장보살마하살의 힘을 받들어 바야흐로 이 도리천의 큰 법회에 참례함은 이 또한 저희들이 좋은 이익을 얻었기 때문입니다. 제가 지금 약간 의심스러운 일이 있어 감히 세존께 여쭈오니 원컨대 세존께서는 자비로 여기시고 저희들을 위하여 말씀하여 주십시오."

부처님께서 염라천자에게 이르시었다.

"그대는 마음대로 물어보라. 내 그대를 위해 말하리라."

이 때에 염라천자가 세존을 우러러 예배를 드린 후 지장보살을 돌아보면서 부처님께 말씀드렸다.

"세존이시여, 제가 살펴보니 지장보살께서는 육도 중에 계시면서 백천 가지 방편으로 죄를 지어 고통 받는 중생들을 제도하시느라고 피곤하신데도 그 괴로움을 사양하지 아니 하십니다.

이 대보살에게는 이와 같은 불가사의한 신통이 있습니다만 그러나 모든 중생들이 죄의 과보에서 벗어남을 얻었다가 오래지 아니하여 다시 악도에 떨어지곤 합니다.

세존이시여, 이 지장보살에게 이미 이와 같은 불가사의한 신통력이 있는데 어찌하여 중생들은 옳은 법에 의지하여 영원한 해탈을 얻지 못합니까? 원컨대 세존이시여, 저를 위하여 해설하여 주십시오.

부처님께서 염라천자에게 이르셨다.

"남염부제의 중생들은 그 성질이 억세고 거칠어서 다스리기도 어렵고 길들이기도 어렵다. 이 대보살은 백천겁을 지내오면서 이러한 중생들을 하나하나 구제하여 빼내고 해탈하게 하였다. 죄보(罪報)를 받은 사람이나 큰 악도의 사람까지도 보살이 방편력을 가지고 근본 업의 인연에서 빼내어 숙세의 일을 깨닫게 하였건만, 이 염부제의 중생들이 스스로 악습을 무겁게 맺어 업의 인연에서 나오자마자 곧 되돌아 들어가서 이 보살을 수고롭게 하고 오랜 겁을 지낸 뒤에 가서 제도하여 해탈하게 된다.

비유하자면 어떤 사람이 정신이 흐려서 자기의 집을 잃어버리고 잘못 험한 길로 들어갔는데 그 험한 길 가운데는 온갖 야차와 호랑이와 사자와 뱀과 독사, 살무사와 전갈이 많았다. 이와 같이 길을 잃은 사람이 험한 길 가운데서 잠깐 사이에 곧 여러 가지 독을 만나게 된다. 어떤 지식이 있는 사람이 큰 술법을 많이 알아 이러한 독과 야차와 모든 악독한 것들을 잘 금지시키다가 문득 길을 잃은 사람을 만났다. 그가 험한 길로 나아가고자 하므로 그에게 말하기를 '이 딱한 사람아, 무슨 일 때문에 이 길로 들어가며 어떤 특별한 술법이라도 있어서 능히 이 모든 독을 막아내겠는가?' 하니, 이 길 잃은 사람이 문득 이 말을 듣고 비로소 험한 길인 줄 알고 곧 물러나서 이 길에서 벗어나고자 하였다.

그 때 이 선지식이 손을 잡아 인도하여 험한 길에서 끌어내어 모든 악독한 것을 면하게 하고 좋은 길에 이르게 하여 그로 하여금 편안함을 얻게 하고는 말하기를, '이 딱한 사람아, 다음부터는 이 길로 들어가지 마라. 이 길로 들어가는 자는 마침내 나오기가 어려울 뿐 아니라 또한 생명조차 잃게 된다' 고 하니 이 길 잃은 사람도 또한 감동하는 마음이 생겼다.

이별할 때에 선지식이 또 말하기를, '만약 길을 가는 사람이 친한 사람이거나 아니거나 또 남자거나 여자거나 이 길에는 여러 가지 사납고 독한 것들이 많아서 생명을 잃게 된다고 말하여 이러한 무리들로 하여금 스스로 죽음의 길로 들어서지 않게 하라.'고 하는 것과 같다.

그러므로 지장보살이 대자비를 갖추어서 죄를 지어 고통 받는 중생들을 구제하여 천상과 인간 중에 나게 하여 그들에게 즐거움을 받게 하고자 하거든, 이 모든 죄지은 무리가 업보의 괴로움을 알아서 벗어나서는 다시는 그 길을 밟지 않게 할 것이다. 이것은 마치 저 길을 잃은 사람이 잘못 험한 길로 들어갔다가 선지식의 인도를 얻어 밖으로 나오게 되어 다시는 들어가지 않고, 또 그가 다른 사람을 만나면 다시 그를 권하여 들어가지 않게 하는 것은 저절로 미혹에 의한 어리석음으로부터 벗어나 다시는 들어가지 않는 것과 같다.

만약 두 번 다시 그 길을 밟게 된다면 그는 아직도 미혹한 데 있어서 예날에 일찍이 험한 길에 떨어졌던 것을 깨닫지 못하고 목숨을 잃어버리는 것이 되는데, 그것은 마치 악도에 떨어진 중생들을 지장보살의 방편력으로 해탈케 하여 인간과 천상에 나게 하였으나 또다시 들어감과 같은 것이다. 만약 업을 다시 맺게 되면 영원히 지옥에서 해탈할 때가 없을 것이다.”

그 때에 악독귀왕이 합장하고 공경히 부처님께 말씀드렸다.

“세존이시여, 저희들 모든 귀왕은 그 수가 한량이 없습니다. 염부제에서 혹 사람을 이익되게도 하며 혹 사람을 손해보게도 하여 각각 같지 아니함은 업의 과보 때문에 그런 것입니다. 저희 권속들이 세계를 돌아다녀 보니 악함은 많고 선함은 적었습니다. 사람들의 가정이나 혹 성읍이나 마을이나 장원이나 주택을 지날 때, 혹 어떤 남자나 여인의 털 끝만한 작은 선이라도 닦으면서 한 개의 깃발이나 한 개의 일산이나 적은 향과 적은 꽃으로 불상과 보살상에 공양을 올리고, 혹 훌륭한 경문을 독송하거나, 향을 사루어 법문의 한 구절 한 게송에 공양한다면 저희들 귀왕은 이 사람에게 공경하기를 과거 · 현재 · 미래의 모든 부처님과 같이합니다. 그리고 모든 작은 귀신들로서 각각 큰 힘이 있고 토지를 맡은 이들에게 명령하여 즉시 호위하도록 하고 나쁜 일이나 횡액이나 몹쓸 병이나 마음에 맞지 아니한 일들이 이 사람의 집 근처에 얼씬 거리지도 못하게 할 것입니다. 그런데 어찌 그 문 안에 들어가게 하겠습니까?"

부처님께서 귀왕을 칭찬하여 말씀하셨다.

"훌륭하고 훌륭하구나. 그대들 염라천자는 능히 이와 같이 선남자와 선여인을 옹호하니 내 또한 범천왕과 제석천에게 명령하여 그대들을 호위하게 하리라."

이 말씀을 하실 때에 법회 중에 한 귀왕이 있는데 이름을 수명을 맡은(主命) 귀왕이라 하였다. 그가 부처님게 말씀드렸다.

"세존이시여, 저는 본래 업연으로 염부제 사람들의 수명을 맡아 날 때와 죽을 때를 제가 모두 알아서 주관합니다. 제 본래의 원은 사람들에게 매우 큰 이익을 주고자 한 것이지만 이 중생들이 제 뜻을 알지 못하고 사람들의 나고 죽음을 이루게 한다 하여 모두 불안해 합니다.

왜냐하면 이것은 염부제 사람들이 처음 태어날 때에 남자나 여자를 불문하고 다만 착한 일을 하게 되면 집안에 이익이 더하고 토지신도 절로 기뻐함이 한량없을 것입니다. 자식과 어머니를 보호하여 큰 안락을 얻고 가족도 이로울 것입니다.

혹 아이를 낳은 뒤에도 조심하여 생명을 죽이지 말아야 됩니다. 그런데 여러 가지 비린 것들을 가져다가 산모에게 먹이며, 널리 친척들을 모아놓고 술을 마시고 고기를 먹으며, 노래하고 거문고 타며 피리 불어서 자모(子母)로 하여금 안락하지 못하게 합니다. 그렇게 하면 아이를 낳을 때에 무수한 악귀와 도깨비들이 비린내 나는 피를 먹고자 하는데 내가 미리 사택과 토지의 신들에게 지시하여 아이와 어머니를 옹호하여 그들로 하여금 안락하고 이익하게 합니다. 이와 같이 안락함을 입었으므로 곧 복을 베풀어 모든 토지신들에게 보답해야 하거늘 도리어 산 것을 죽여 놓고 권속들을 모았으니 이것 때문에 재앙을 범하여 스스로 받으므로 자식과 어머니가 함께 손상을 입습니다.

또한 염부제에서 목숨을 마침에 이른 사람이 있으면 선악을 불문하고 저는 그 목숨을 마치는 사람으로 하여금 악도에 떨어지지 않도록 하고자 하는데, 하물며 스스로 선근을 닦으면서 제 힘을 도와주는 것이 되니 얼마나 다행이겠습니까.

그러나 이 염부제에서 선을 행한 사람도 목숨을 마칠 때 또한 백천의 악도(惡道)의 귀신들이 혹은 부모로 변신하고 또는 여러 권속으로 변하여 돌아가신 분을 인도하여 악도에 떨어지게 하거든 하물며 본래 스스로 악을 지은 사람이겠습니까.

세존이시여, 이와 같이 염부제의 남자나 여인이 명이 마칠 때를 당하면 정신이 혼미하여 선악을 분별하지 못하고, 또한 눈과 귀로 아무 것도 보고 들을 수 없습니다. 이 때 그의 가족들이 마땅히 큰 공양을 베풀고 좋은 경문을 읽으며 부처님과 보살의 명호를 외워야 합니다. 이와 같은 선한 인연은 능히 망자로 하여금 모든 악도를 여의게 하며 모든 마와 귀신을 모두 흩어져 사라지게 합니다.

세존이시여, 일체의 중생들이 목숨을 마칠 때가 되어 만약 한 부처님의 명호나 한 보살의 명호나 혹 대승경전의 한 구절이나 한 게송을 얻어들을 수 있다면 제가 보기로는 이와 같은 사람들은 5무간지옥에 떨어질 살생의 죄를 제하고는 소소한 악업으로 악도에 떨어질 사람은 곧 해탈을 얻게 하겠습니다.”

부처님께서 주명귀왕에게 말씀하셨다.

“그대는 크게 사랑하는 마음으로 능히 이와 같은 큰 원을 발하여 생사 중에서도 모든 중생들을 보호하니 만약 매래 세상 중에 남자나 여인이 있어 태어나거나 죽을 때에 그대는 이 원력에서 물러서지 말고 모두 해탈시켜 영원히 안락을 얻게 하도록 하라.”

귀왕이 부처님께 여쭈었다.

“원컨대 심려하지 마십시오. 저는 이 몸이 마치도록 순간 순간이라도 염부제 중생들을 옹호하여 태어날 때나 죽을 때에 모두 안락을 얻도록 하겠습니다.

다만 바라는 바는 모든 중생들이 나고 죽을 때에 제 말을 믿고 받아들이면 해탈하지 못할 사람이 없을 것이며 큰 이익을 얻을 것입니다."

그 때에 부처님께서 지장보살에게 이르시었다.

"이 대귀왕은 수명을 맡은 자로 이미 백천 생을 지내면서 대귀왕이 되어서 삶과 죽음 가운데를 오가면서 중생들을 보호하고 있다. 이와 같이 보살의 자비스러운 원력 때문에 대귀왕의 몸을 나타냈을지언정 실상은 귀신이 아니다. 이후 일백칠십 겁이 지나면 마땅히 불도를 성취할 것이니 명호는 무상여래(無相如來)라 하고, 겁의 이름은 안락이며, 세계의 이름은 정주(淨住)라 할 것이며, 그 부처님의 수명은 가히 겁으로 헤아리지 못할 것이다.

지장보살이여, 이 대귀왕에 관한 일은 이와 같이 불가사의하며 그가 제도한 하늘과 사람들의 수는 또한 헤아릴 수가 없다."

제9, 부처님의 명호를 부르라[稱佛名號品]

그 때에 지장보살 마하살이 부처님께 말씀드리기를, "세존이시여, 저는 지금 미래세의 중생을 위하여 이익되는 일을 연설하여 생사 중에서 큰 이익을 얻게 하고자 합니다. 다만 원컨대 세존이시여, 제 말씀을 들어 주십시오."

부처님께서 지장보살에게 이르시기를 "그대는 지금 자비심을 내어 육도에서 죄고를 받는 일체의 중생을 구제하고자 불가사의한 일을 연설하려고 하느냐. 지금이 바로 그 때이니 다만 속히 말하여라. 나는 곧 열반에 들어갈 것이니 그대로 하여금 이 원을 일찍이 마치게 한다면 나 또한 현재와 미래의 일체 중생들에 대해 근심함이 없을 것이다."

지장보살이 부처님께 말씀드리기를 "세존이시여, 과거세의 무량 아승지겁에 부처님이 계셔서 세상에 나오셨으니 호를 무변신여래라 하였습니다. 만약 어떤 남자나 여인이 이 부처님의 이름을 듣고 잠깐 사이라도 공경심을 내게 되면 곧 사십 겁의 생사의 무거운 죄고를 뛰어넘을 것입니다. 하물며 그 부처님의 형상을 조성하고 그림으로 그려서 공양하고 찬탄하는 일이겠습니까. 그 사람이 얻은 복은 한량이 없고 끝이 없습니다.

또한 과거세의 항하사겁에 부처님이 계셔서 세상에 나오셨으니 호를 보승여래라 하였습니다. 만약 어떤 남자나 여인이 이 부처님의 이름을 듣고 손가락을 한 번 튀길 사이라도 발심하여 귀의하면 이 사람은 무상도에서 영원히 퇴전하지 아니 할 것입니다.

또한 과거에 부처님이 계셔서 세상에 나오셨으니 호는 파두마승여래였습니다. 만약 어떤 남자나 여인이 이 부처님의 이름을 듣고 귓가에 스치기만 해도 이 사람은 천 번이나 육욕천 가운데 태어남을 얻거든 하물며 어찌 지극한 마음으로 이름을 부르는 사람이겠습니까.

또한 과거 말로는 표현할 수 없는 아승지겁에 부처님이 계셔서 세상에 나오셨으니 호는 사자후여래였습니다. 만약 어떤 남자나 여인이 이 부처님의 이름을 듣고 한 순간이나마 귀의하면 이 사람은 한량없는 여러 부처님을 만나서 마정수기를 얻을 것입니다.

또한 과거세에 부처님이 계셔서 세상에 나오셨으니 호는 구류손불이었습니다. 만약 어떤 남자나 여인이 이 부처님의 이름을 듣고 지극한 마음으로 우러러 예배하거나 혹 찬탄하면 이 사람은 현겁 천불의 회중에 대범왕이 되어 부처님이 된다는 수기를 얻을 것입니다.

또 과거에 부처님이 계셔서 세상에 나오셨으니 이름은 비바시불이었습니다. 만약 어떤 남자나 여인이 이 부처님의 이름을 들으면 영원히 악도에 떨어지지 아니하고 항상 인간과 천상에 나서 뛰어나고 묘한 즐거움을 받습니다.

또한 과거의 한량없고 셀 수 없는 항하사 겁에 부처님이 계셔서 세상에 나오셨으니 이름은 다보여래였습니다. 만약 어떤 남자나 여인이 이 부처님의 이름을 듣게 되면 마침내 악도에 떨어지지 아니하고 항상 천상에 나서 뛰어나고 묘한 즐거움을 받습니다.

또한 과거에 부처님이 계셔서 세상에 나오셨으니 이름은 보상여래였습니다. 만약 어떤 남자나 여인이 이 부처님의 이름을 듣고 공경심을 내게 되면 이 사람은 오래지 아니하여 아라한과를 얻습니다.

또한 과거의 무량 아승지겁에 부처님이 계셔서 세상에 나오셨으니 이름은 가사당여래였습니다. 만약 어떤 남자나 여인이 이 부처님의 이름을 듣게 되면 일백 대겁의 생사의 죄를 초월합니다.

또한 과거에 부처님이 계셔서 세상에 나오셨으니 이름은 대통산왕여래였습니다. 만약 어떤 남자나 여인이 이 부처님의 이름을 듣게 되면 이 사람은 항하사 수만큼의 부처님을 만나 널리 설법함을 듣고 반드시 보리도를 성취합니다.

또한 과거에 정월불과 산왕불과 지승불과 정명왕불과 지성취불과 무상불과 묘성불과 만월불과 월면불과 같이 말로는 다 할 수 없는 부처님이 계셨습니다.

세존이시여, 현재와 미래의 일체 중생들이 만약 천상이나 인간이나 남자나 여인이나를 막론하고 다만 한 부처님의 명호를 불러도 그 공덕이 한량없거늘 하물며 많은 부처님의 이름을 부르는 것이겠습니까? 이러한 중생들은 날 때와 죽을 때에 스스로 큰 이로움을 얻어서 마침내 악도에 떨어지지 아니합니다.

만약 어떤 임종하는 사람의 집안 권속이 한 사람이라도 병든 사람을 위하여 높은 소리로 한 부처님의 이름을 부르게 되면 이 목숨을 마치는 사람의 다섯 가지 무간지옥에 들어갈 죄를 제하고 나머지 업보들은 모두 소멸함을 얻을 것입니다. 이 다섯 가지 무간 지옥에 들어갈 죄가 비록 지극히 무거운 것이어서 억겁을 지나도 마침내 벗어나지 못하는 것이지만 이 사람이 임종할 때에 다른 사람이 그를 위하여 부처님의 이름을 부르게 되면 이 무거운 죄업도 점점 소멸할 것입니다. 그런데 하물며 중생들이 스스로 부르고 스스로 생각하는 것이겠습니까? 무량한 복을 얻고 무량한 죄업도 소멸하게 될 것입니다.

제10, 보시한 공덕을 헤아리다[校量布施功德緣品]

그 때에 지장보살마하살이 부처님의 위신력을 받들어 자리에서 일어나서 호궤합장하고 부처님께 사뢰었다.

"세존이시여, 제가 업으로 살아가는 중생들을 살펴보고 그들의 보시하는 공덕을 헤아려 보니 가벼움도 있고 무거움도 있으며, 일생 동안에 복을 받기도 하고 십생 동안에 복을 받기도 하며, 백 생이나 천 생 동안에 큰 복과 이익을 받는 이도 있는데 이러한 일은 어찌하여 그러한 것입니까? 원컨대 세존이시여, 저를 위하여 설명하여 주십시오."

그 때에 부처님께서 지장보살에게 말씀하셨다.

"내가 지금 도리천궁의 여러 대중들에게 염부제 중생들이 보시하는 공덕의 경중을 헤아려 설할 것이니 그대는 자세히 듣도록 하라. 내 그대를 위하여 말하겠다."

지장보살이 부처님께 사뢰기를, "저는 이 일이 궁금하였습니다. 원컨대 듣고자 합니다."

부처님께서 지장보살에게 이르시기를, "남염부제에 있는 모든 국왕과 재상과 대신과 큰 장자와 큰 찰리와 큰 바라문 등이 만약 가장 빈궁한 자를 만나거나 꼽추나 벙어리와 귀먹은 이와 백치와 장님 등과 같은 가지가지의 완전치 못한 불구자를 만나서 이 대국의 왕 등이 보시를 하고자 할 때에, 만약 큰 자비심을 갖추고 자기의 마음을 낮추고 미소를 지으면서 친히 자기 손으로 두루 보시하거나, 혹 사람을 시켜 보시하고 부드러운 말로 위로하게 되면, 이 국왕 등이 얻는 복덕의 이익은 일 백 항하 강의 모래와 같이 많은 부처님에게 보시하는 공덕보다 이익이 더 많을 것이다. 왜냐하면 이 국왕 등은 저 가장 빈천한 무리와 불구자에 대하여 큰 자비심을 내었으므로 복과 이익이 이와 같은 보답이 있어 백천 생 중에 항상 칠보가 구족함을 얻게 되리니 어찌 하물며 의복과 음식의 수용이겠느냐?

다시 또 지장보살이여, 만약 미래세에 국왕에서 바라문들에 이르기까지 부처님의 탑이나 절, 혹 부처님의 형상이나 내지 보살, 성문, 벽지불 등의 형상을 만나서 몸소 경영하고 마련하여 공양을 올리고 보시하면 이 국왕 등은 삼 겁 동안 제석천의 몸을 얻어 수승하고 미묘한 즐거움을 받게 될 것이다. 만약 능히 이 보시한 복의 이익을 법계에 회향하면, 이 국왕들은 십 겁 동안 항상 대범천왕이 될 것이다.

또 다시 지장보살이여, 만약 미래세에 모든 국왕에서 바라문 등에 이르기까지 옛 부처님의 탑이나 묘, 혹은 경전이나 형상에 이르기까지, 헐리고 무너지고 깨지고 떨어진 것을 보고 능히 발심하여 보수하면, 이 국왕 등이 혹 스스로 경영하고 마련했거나, 혹은 다른 사람을 권해서 백천 사람들에게 보시하게 하여 인연을 맺도록 했을지라도 이 국왕 등은 백천 생 동안 항상 전륜왕의 몸이 될 것이다.

이와 같이 보시한 다른 사람들도 백천 생 동안 항상 소국왕의 몸이 될 것이며, 또 능히 탑과 사당 앞에서 회향하는 마음을 발하면 이와 같은 국왕과 모든 사람들도 모두 불도를 성취할 것이며, 이러한 과보는 한량이 없고 끝이 없을 것이다.

다시 또 지장이여, 미래세 중에 모든 국왕과 바라문들이 늙고 병든 사람과 해산하는 부녀자를 보고 만약 한 순간이라도 대 자비심을 발하여 의약과 음식과 침구를 보시하여 그들을 안락하게 한다면 이와 같은 복과 이익은 가장 불가사의하여 일백 겁 동안 항상 정거천(淨居天)의 주인이 되며, 이백 겁 동안 항상 육욕천(六欲天)의 주인이 되고, 마침내는 불도를 성취하여 영원토록 악도에 떨어지지 아니하며, 백천 생 동안 귀에 고통스러운 소리가 들리지 아니할 것이다.

다시 또 지장이여, 만약 미래세 중에 모든 국왕과 바라문들이 능히 이와 같은 보시를 지으면 얻는 복이 한량이 없을 것이며, 다시 이 복을 회향하면 많고 적음을 불문하고 필경에 불도를 성취할 것인데, 하물며 제석천과 범천왕과 전륜왕이 되는 보답뿐이겠느냐. 그러므로 지장이여, 널리 중생들에게 권하여 이와 같은 일을 마땅히 배우게 하라.

다시 또 지장이여, 미래세 중에 만약 선남자와 선여인이 부처님의 법 중에서 작은 선근을 머리털이나 모래알, 티끌만큼만 심더라도 받는 복과 이익은 비유하여 말할 수가 없다.

다시 또 지장이여, 미래세 중에 만약 선남자와 선여인이 부처님의 형상이나 보살의 형상이나 벽지불의 형상이나 전륜왕의 형상을 만나서 보시하고 공양을 올리면 한량없는 복을 얻어 항상 천상과 인간에 나서 수승하고 미묘한 즐거움을 받을 것이며, 만약 능히 그 복을 법계에 회향하면 이 사람의 복과 이익은 비유하여 말할 수가 없다.

다시 또 지장이여, 미래세 중에 만약 선남자와 선여인이 대승 경전을 만나 한 게송이나 한 구절을 듣더라도 소중한 마음을 발하여 찬탄하고 공경하며 보시하고 공양하면 이 사람은 큰 과보를 얻어서 한량이 없고 끝이 없을 것이며, 만약 이것을 법계에 회향하면 그 복은 비유하여 말할 수가 없다.

다시 또 지장이여, 만약 미래세 중에 선남자와 선여인이 부처님의 탑이나 절이나 대승경전을 만아 새것에는 보시하고 공양을 올리며 우러러 예배하고 찬탄하며 공경하여 합장하고, 만약 오래되어 해지고 떨어진 것을 만나 보수하며 관리하되 혹 홀로 마음을 냈거나 혹 많은 사람들과 함께 마음을 내 했다면 이와 같은 사람들은 삼십 생 동안 항상 소국의 왕이 될 것이며, 인연을 맺어준 사람[檀越]은 항상 전륜왕이 되어 좋은 법으로써 여러 소국의 왕을 교화할 것이다.

다시 또 지장이여, 미래세 중에 만약 선남자와 선여인이 부처님의 법 중에서 선근을 심어 혹은 보시하고 공양하며 혹은 탑과 절을 보수하며 혹은 경전을 장식하거나 간수하여 털 하나, 티끌 한 개, 모래 한 알, 물 한 방울만큼의 착한 일이라도 다만 법계에 회향하면 이 사람의 공덕은 백천 생 동안 최상의 묘한 즐거움을 받을 것이며, 다만 자기 집 권속에게만 회향하거나 자기 자신에게만 이익하게 하더라도 이와 같은 과보는 곧 삼생의 즐거움을 받으리라. 하나를 버리면 만 가지의 보답을 얻게 될 것이다. 그러므로 지장이여, 보시하는 인연이란 이와 같은 것이다."

제11, 땅의 신들이 법을 보호하다[地神護法品]

그 때에 견뢰지신이 부처님께 사뢰었다.

"세존이시여, 저는 예전부터 지금까지 한량없는 보살마하살을 뵈옵고 정례하는데 모두 크고 불가사의한 신통력과 지혜로 널리 중생들을 제도하건마는 이 지장보살마하살은 다른 보살보다 서원이 더 깊고 두텁습니다.

세존이시여, 이 지장보살이 염부제에 큰 인연이 있으므로 문수·보현·관음·미륵 같은 보살님도 또한 백천의 모습으로 변화하여 육도의 중생들을 제도하여도 그 원이 오히려 끝이 있는데 이 지장보살이 육도의 일체 중생들을 교화하고자 서원을 발한 겁 수가 천백억의 항하의 모래와 같습니다.

세존이시여, 제가 보니 미래와 현재의 중생들이 살고 있는 곳에서 남쪽으로 청결한 땅에 흙과 돌과 대와 나무로 그 감실(龕室)을 만들고 이 가운데 형상을 그리거나 금과 은과 구리쇠와 무쇠로 지장보살의 형상을 만들고 향을 사루어 공양을 올리고 우러러 예배하고 찬탄하면 이 사람이 사는 곳이 곧 열 가지 이익을 얻게 됩니다. 무엇이 열 가지냐 하면,

1. 토지마다 풍년이 들 것이며,
2. 집안이 길이 편안할 것이며,
3. 먼저 돌아가신 이는 하늘에 날 것이며,

4. 현재 남아 있는 사람의 수명이 늘어날 것이며,

5. 구하는 것이 뜻대로 이루어질 것이며,

6. 물과 불의 재앙이 없을 것이며,

7. 헛되이 소모되는 일이 없고,

8. 나쁜 꿈이 없으며,

9. 들어오고 나갈 때 신장의 보호를 받을 것이며,

10. 성스러운 인연을 많이 만나게 되는 것입니다.

세존이시여, 미래세나 현재세의 중생들이 만약 거주하는 곳에서 이와 같은 공양을 올리면 이와 같은 이익을 얻을 것입니다.”

견뢰지신이 다시 부처님께 사뢰기를, “세존이시여, 미래세 가운데 만약 선남자와 선여인이 거주하는 곳에서 이 경전과 보살의 형상을 보고 이 사람이 다시 경전을 독송하며 지장보살님께 공양을 올리면, 제가 항상 낮과 밤에 본래의 신력을 가지소 이 사람을 호위하여 수재나 화재나 도적이나 큰 횡액과 작은 횡액 등 일체의 악한 일을 모두 소멸시켜 주겠습니다.”

부처님께서 지신에게 이르시기를, “견뢰여, 그대의 큰 신력은 다른 신이 미치지 못한다. 왜냐하면 염부제의 토지가 모두 그대의 보호함을 입어서 풀과 나무와 모래와 돌과 벼와 삼과 대와 갈대와 곡식과 쌀과 보배까지 땅에서 나는 것은 모두 그대의 신력에 기인한 것이거늘, 또한 지장보살의 이익에 대한 일을 찬양하니 그대의 공덕과 신통력은 보통 지신들보다 백천 배나 더할 것이다.

만약 미래세 중에 선남자와 선여인이 지장보살을 공양하고 이 경전을 독송하되 다만 지장보살본원경을 의지하여 한 가지만 수행하는 자라도 그대는 본래의 신력을 가지고 옹호하여 일체의 재해나 뜻과 같이 되지 않는 일이 전혀 귀에 들리지도 않게 하겠거든 어찌 하물며 직접 받게 되겠는가.

다만 그대만 홀로 이 사람들을 옹호할 뿐 아니라 또한 제석과 범천의 권속과 제천의 권속도 이 사람을 옹호할 것이다. 무슨 까닭으로 이와 같이 성현의 옹호를 받는가 하면 모두 지장보살의 성상을 우러러 예배하고 이 지장보살본원경을 독송하기 때문이니라. 그리고 끝내는 저절로 고해를 벗어나서 열반락을 증득하게 될 것이니 이러한 까닭으로 큰 옹호를 받게 되리라."

제12, 보고 듣는 이익 [見聞利益品]

그 때에 세존께서 이마 위로부터 백천만억의 대호상의 광명을 놓으시니, 이른바 백호상광명과 대백호상광명과 서호상광명과 대서호상광명과 옥호상광명과 대옥호상광명과 자호상광명과 대자호상광명과 청호상광명과 대청호상광명과 벽호상광명과 대벽호상광명과 홍호상광명과 대홍호상광명과 녹호상광명과 대녹호상광명과 금호상광명과 대금호상광명과 경운호상광명과 대경운호상광명과 천륜호광명과 대천륜호광명과 보륜호광명과 대보륜호광명과 일륜호광명과 대일륜호광명과 월륜호광명과 대월륜호광명과 궁전호광명과 대궁전호광명과 해운호광명과 대해운호광명이었다.

이마 위에서 이와 같은 호상의 광명을 놓으신 뒤에 미묘한 음성을 내어 모든 대중과 천룡 팔부와 사람인 듯 아닌 듯한 이들에게 이르시었다.

"내가 오늘 도리천궁에서 지장보살이 인간과 천상 가운데서 이익이 되는 일과 불가사의한 일과 매우 성스러운 인연의 일과 십지(十地)를 증득하는 일과 마침내는 최상의 깨달음에서 퇴전하지 않은 일을 일컬어 찬탄함을 들어 보라."

이 말씀을 설하실 때에 법회 중에 한 보살마하살이 계시니 이름은 관세음이라. 자리에서부터 일어나서 호궤합장하고 부처님께 사뢰었다.

"세존이시여, 이 지장보살마하살이 대자대비를 갖추고 죄고의 중생들을 불쌍하게 생각하여 천만 억 세계에서 천만 억의 몸으로 변화하고 온갖 공덕과 불가사의한 위신력을 소유하고 있음은 제가 이미 세존과 시방세계의 한량없는 여러 부처님들께서 이구동성으로 지장보살을 찬탄하실 때 들었습니다. 어찌하여 과거와 미래의 여러 부처님들께서 그의 공덕을 말씀하셔도 오히려 다하실 수 없습니까?

앞서 세존께서 널리 대중들에게 지장보살의 이익 등에 관한 일을 드러내심을 들었습니다. 원컨대 세존께서는 현재와 미래의 일체 중생들을 위하여 지장보살의 불가사의한 일을 드날리시어 천룡 팔부로 하여금 우러러 예배하여 복을 얻게 하여 주십시오."

부처님께서 관세음보살에게 이르시었다.

"그대는 저 사바세계에 큰 인연이 있어 천인들과 용과 남자와 여자와 신과 귀, 내지는 육도의 죄고(罪苦) 중생들까지 그대의 이름을 듣는 자나 그대의 형상을 보는 자나 그대를 생각하고 사모하는 자나 그대를 찬탄하는 자 등 이 모든 중생들은 모두 최상의 깨달음에서 반드시 퇴전하지 아니하고 항상 인간과 천상에 나서 즐거움을 갖추어 받게 되며 인과가 성숙하면 부처님의 수기를 받을 것이다.

그대는 지금 대자대비의 마음을 갖추고 중생들과 천룡 팔부들을 불쌍하게 생각하여 내가 지장보살의 불가사의한 이익되는 일들에 관해 설명하는 것을 듣고자 하니 그대는 자세히 들어라. 내 지금 말하리라."

관세음보살이 말씀하기를, "예, 그렇게 해 주십시오. 세존이시여, 즐거이 듣고자 원합니다."

부처님께서 관세음보살에게 이르시었다.

"미래와 현재의 모든 세계 중에 하늘 사람들이 천상이 복을 다 받고는 다섯 가지 쇠퇴하는 현상이 나타나서 혹 악도에 떨어지는 자가 있게 된다. 그 때 이와 같은 천인의 남자나 여자가 그러한 현상이 나타날 때를 맞이하여 혹 지장보살의 형상을 보거나 혹 지장보살의 이름을 듣고 한 번 보고 예배하게 되면 이 모든 천인이 하늘의 복을 더욱 더 늘리고 큰 쾌락을 받아 영원히 삼악도의 과보를 받지 아니하리라. 그런데 하물며 지장보살을 보고 지장보살의 이름을 듣고

하여 여러 가지 향과 꽃과 의복과 음식과 보배와 영락들을 가지고 보시하고 공양함이겠느냐. 그리하여 얻은 공덕과 복과 이익은 한량없고 끝이 없을 것이다.

다시 또 관세음보살이여, 만약 미래와 현재의 모든 세계 중에 육도의 중생들이 목숨을 마칠 때가 되어 지장보살의 이름을 얻어들어서 한 소리만 귓가를 스치더라도 이 모든 중생들은 영원히 삼악도의 고통에 떨어지지 아니하리라.

그런데 어찌 하물며 목숨을 마칠 때가 되어 부모와 권속들이 이 목숨을 마치는 사람의 집이나 재물과 보배와 의복을 가지고 지장보살의 형상을 조성하거나 그림을 그리며, 혹 병든 사람이 죽기 전에 눈으로 보게 하고 귀로 듣게 하는 것이겠는가.

또 도리를 아는 친척들이 집이나 보배 등을 가지고 그 자신을 위하여 지장보살의 형상을 조성하거나 그림으로 그리면 이 사람의 업보가 중병을 받을 만하더라도 이 공덕을 입어서 곧 병이 낫고 수명이 불어나게 되리라. 이 사람이 만약 이 업보로 말미암아 수명이 다하여 일체의 죄업으로 인해 악도에 떨어지는 것이 마땅할지라도 이 공덕을 입어서 목숨을 마친 뒤에 곧 인간과 천상에 태어나서 수승한 즐거움을 받고 모든 죄가 다 소멸하리라.

다시 또 관세음보살이여, 만약 미래세에 남자나 여인이 혹 젖먹이 때나 혹 세 살이나 다섯 살이나 열 살 이하에 부모와 형제와 자매를 잃고, 이 사람이 나이가 들어서 부모와 권속을 생각하고 그리워하나 어떤 곳〔趣〕에 떨어졌는지, 어떤 세계에 태어났는지, 어떤 하늘에 태어났는지를 알지 못한다고 하자, 이러한 경우 이 사람이 지장보살의 형상을 조성하거나 그림으로 그리며, 또한 이름을 듣고 한번 뵈옵고 한번 예배하여 첫날부터 7일까지 처음 마음에서 물러서지 아니하고 지장보살의 이름을 듣거나 형상을 보고 우러러 예배하고 공양하면, 이 사람의 권속들이 설사 악업 때문에 악취에 떨어져서 몇 겁을 지내야 하는 데 해당하더라도 이 남녀의 형제와 자매는 지장보살의 형상을 조성하고 그림으로 그려서 우러러 예배한 공덕으로 곧 해탈을 얻어 인간이나 천상에 나서 수승한 즐거움을 받게 되리라. 그리고 이 사람의 권속이 만약 복력이 있어서 이미 인간과 천상에 나서 수승한 즐거움을 받고 있는 이라면 곧 이 공덕을 입어서 성스러운 인연이 더욱 증가하여 한량없는 즐거움을 받게 되리라.

이 사람이 다시 21일 동안 한결 같은 마음으로 지장보살의 형상을 우러러 예배하고 그 이름을 외워서 만 번을 채우게 되면 보살이 가없는 몸을 나타내어 이 사람의 권속이 태어난 세계를 낱낱이 알려 줄 것이다. 혹은 꿈속에서 보살이 큰 위신력을 나타내어 친히 이 사람을 거느리고 모든 세계를 돌면서 권속들을 다 보여 줄 것이다.

다시 매일 지장보살의 이름을 천 번을 외워서 천 일에 이르면 이 사람은 지장보살이 그가 있는 곳에 토지신을 보내서 죽을 때 까지 호위하도록 할 것이며, 현세의 의식이 풍족하여 넘치고 모든 질병이나 고통이 없어지며 횡액이 그 사람의 집에 들어가지 못하게 할 것이다. 그런데 그 사람의 몸에 직접 미치게 하겠느냐. 이 사람은 필경 보살이 이마를 만져주며 수기를 내리리라.

다시 또 관세음보살이여, 만약 미래세에 선남자와 선여인이 넓고 큰 자비심을 발하여 일체의 중생들을 제도하고자 하는 자와 무상보리를 닦고자 하는 자와 삼계를 뛰어나고자 하는 자 등, 이 모든 사람들이 지장보살의 형상을 보거나 이름을 듣고 지극한 마음으로 귀의하며, 혹은 향과 꽃과 의복과 보배와 음식을 가지고 공양하며 우러러 예배하면 이 선남자와 선여인들은 원하는 바가 빨리 이뤄지고 영원히 장애가 없으리라.

다시 또 관세음보살이여, 만약 미래세에 선남자와 선여인이 현재와 미래의 백천만억의 소원과 백천만억의 일을 이루고자 하거든 다만 지장보살의 형상에 귀의하고 우러러 예배하며 공양하고 찬탄하면 이와 같이 원하는 것과 구하는 것이 모두 다 성취될 것이며, 이 사람이 다시 지장보살에게 대자비로써 영원히 자기를 옹호해 주기를 원하면 이 사람은 꿈속에서 곧 지장보살이 이마를 만져주며 수기하여 주는 것을 받을 것이다.

다시 또 관세음보살이여, 만약 미래세의 선남자와 선여인이 대승경전에 대하여 소중하고 불가사의한 마음을 내어 읽거나 외우고자 하여, 비록 밝은 스승을 만나서 가르침을 받아 익숙해지려고 하여도 읽자마자 금방 잊어버리며, 해가 가고 달이 지나도 독송하지 못하는 선남자 선여인들은 숙세의 업장을 녹여서 제하지 못했기 때문에 대승경전을 읽고 외우는 소질이 없다.

이와 같은 사람도 지장보살의 이름을 듣거나 지장보살의 형상을 보고 순수한 마음으로 공경히 사뢰고, 다시 향과 꽃과 의복과 음식과 여러 가지 진귀한 공양거리들을 가지고 보살에게 공양하라. 그리고 깨끗한 물 한 그릇으로 하루 낮 하룻밤이 지나도록 지장보살 앞에 두었다가 합장하고 먹도록 하라. 머리는 남쪽을 향하고 입에 가져다가 댈 때는 지극한 마음으로 정중하게 물을 마시어라. 이 때는 오신채(五辛菜)와 술과 육식과 사음과 망어와 일체 살생을 7일이나 혹 21일을 삼가라. 그렇게 하면 이 선남자와 선여인은 꿈 가운데 지장보살이 가없는 몸을 나투어 이 사람에게 이마에 물을 부어 주는 것을 받을 것이다. 이 사람이 꿈을 깨고 나면 곧 총명함을 얻어서 경전이 한 번만 귓가에 스쳐도 곧 영원히 기억하여 다시는 한 구절이나 한 게송도 잊어버리지 아니할 것이다.

다시 또 관세음보살이여, 만약 미래세의 모든 사람들이 의식(依食)이 부족하여 구하더라도 소원대로 안 되며 혹은 질병이 많고 혹은 흉한 일과 쇠퇴하는 일이 많아서 집안이 불안하고 권속이 나누어지고 흩어지며 혹 횡액(橫厄)이 많이 생겨서 몸을 괴롭히며, 또한 꿈자리에서 놀라고 두려운 일이 많으면 이와 같은 사람들은 지장보살의 이름을 듣거나 지장보살의 형상을 보고 지극한 마음으로 공경하고 외워서 만 번을 채우면 이 모든 뜻과 같지 아니한 일이 점점 소멸하고 곧 안락함을 얻고 의식이 풍족하게 넘치며 꿈속에서까지 모두 안락하게 될 것이다.

다시 또 관세음보살이여, 만약 미래세에 선남자와 선여인이 혹 생업때문이거나, 혹 공적인 일이거나 사적인 일이거나, 혹 생명에 관계되는 일이거나, 혹

급한 일로 인하여 산림 중에 들어가든지, 내와 바다를 건너든지, 큰물을 만나든지, 혹은 험한 길을 가든지 할 때, 이 사람이 먼저 지장보살의 이름을 만 번을 외우면 지나가는 곳의 토지신이 호위하여 걷거나 머물거나 앉거나 눕거나 간에 영원히 안락함을 지켜줄 것이며, 호랑이나 사자나 일체의 해독을 만나더라도 손상을 입지 아니하리라."

부처님께서 관세음보살에게 이르시었다.

"이 지장보살은 염부제에 큰 인연이 있다. 만약 모든 중생들에게 보고 듣고 하여 이익되는 일을 설명하려면 백천 겁을 두고 설명하더라도 다할 수가 없다. 그러므로 관세음보살이여, 그대는 위신력을 가지고 이 경전을 유포시켜 사바세계의 중생으로 하여금 백천만 겁 동안 영원히 안락을 누리도록 하라."

이 때에 세존께서 게송을 설하시었다.

"내가 이제 지장보살의 위신력을 관찰해 보니
항하사 겁을 설하여도 다 할 수 없네.
한 순간만 보고 듣고 우러러 예배하여도
한량없는 이익이 인천에 넘치리라.
남자와 여자와 용과 신들이
그 과보가 다하여 악도에 떨어질지라도
지극한 마음으로 지장보살에게 귀의하면
수명은 불어나고 죄업은 소멸되리라.
어려서 부모의 사랑을 잃어버린 이가
그들의 영혼이 어디에 있는지 알지 못하며
형제자매와 모든 친척들까지
자라오는 동안 전혀 알지 못하더라도
지장보살을 조성하거나 그림을 그려서

애달픈 마음으로 우러러 예배하고 눈 떼지 않고,

삼칠 일 동안 그 이름을 외우게 되면

보살께서 가없는 몸을 나타내시어

그 권속들이 태어난 곳을 보여주며

비록 악도에 떨어져도 곧 벗어날 것이다.

만약 처음 마음에서 물러서지 않으면

곧 이마를 만지면서 수기를 내리리라.

최상의 깨달음을 얻고자 하는 이와

삼계의 고통에서 벗어나고자 하는 이는

이미 대 자비심을 내었는지라

먼저 지장보살의 형상에 우러러 예배한다면

일체의 모든 소원을 속히 성취하여

길이 업장을 소멸하고 다시 짓지 않으리.

어떤 사람 발심하여 경전을 외우고

미혹한 이들을 제도하여 피안에 이르게 하고자 할새

비록 뛰어난 큰 원을 세웠으나

읽자마자 금방 잊고 막힘이 많은 것은

이 사람의 업장과 미혹때문에

　대승경전을 읽고도 기억하지 못하네.

향과 꽃과 의복과 음식과

여러 가지 진귀한 것으로 지장보살께 공양하며,

청정수를 지장보살 앞에 놓아두고

하루 낮 하룻밤을 지난 뒤 마시며,

소중한 마음을 내어 오신채를 삼가고

술과 고기, 사음과 망어를 삼가며,

21일 동안 살생하지 말라.

지극한 마음으로 지장보살의 이름을 외우면

곧 꿈속에서 가없는 몸을 나타내나니

깨고나면 문득 눈과 귀에 총명 얻으리.

경전의 가르침이 귓가를 지나만 가도

천생이고 만생이고 길이 잊지 않으리.

이것은 지장보살의 불가사의한 힘이라.

이 사람으로 하여금 이러한 지혜 얻게 하였네.

빈궁한 중생들과 병든 중생들

가업은 쇠망하고 권속들은 떠나가서

꿈속에서까지도 모두 불안에 떨며,

구하는 것은 아무 것도 이뤄지지 않을 때

지장보살님께 지극한 마음으로 우러러 예배하면

일체의 악한 일은 모두 소멸하고,

꿈속에서까지도 모두 편안함을 얻고

의식은 풍요하고 신귀들은 옹호하리라.

산림에 들어가거나 바다를 건널 때

독하고 악한 금수나 악한 사람 만났거나

악신과 악귀와 모진 바람과

일체의 난관들과 온갖 고통들도

위대하신 지장보살님의 형상 앞에

우러러 예배하고 공양 올리면

이와 같은 산림이나 바다에서도

틀림없이 이러한 악들은 모두 소멸되리라.

관세음보살이여, 지극한 마음으로 내 말을 들어라.

지장보살의 한량없고 불가사의한 일

백천만 겁을 설명해도 다하지 못하리니

지장보살의 이와 같은 힘을 널리 알리라.

지장보살의 이름을 만약 듣거나

그 형상을 보고 우러러 예배하는 이는

향과 꽃과 의복과 음식을 바치거나 공양 올리면

백천 가지의 좋은 즐거움을 누리리라.

만약 이 공덕을 또 법계에 회향하면

필경에는 성불하여 생사를 초월하리라.

그러므로 관세음보살이여, 그대는 알라.

그리고 항하 강의 모래 수와 같은 국토에 널리 알리라.

제13, 사람들에게 부촉하다[囑累人天品]

그 때에 세존께서는 금빛 팔을 들어서 지장보살마하살의 이마를 만지시고 이와 같이 말씀하시었다.

"지장보살이여, 지장보살이여, 그대의 위신력을 헤아릴 수 없으며, 그대의 자비를 헤아릴 수 없으며, 그대의 지혜를 헤아릴 수 없으며, 그대의 변재를 헤아릴 수 없으니 시방의 모든 부처님으로 하여금 그대의 불가사의한 일을 천만 겁 동안 찬탄하고 설명하게 하더라도 다하지 못할 것이다. 지장보살이여, 지장보살이여, 기억하라. 내 오늘 도리천 중에서 백천만억의 말로는 다 표현할 수 없는 일체의 제불보살과 천룡팔부의 큰 법회에서 거듭 인간과 천상의 모든 중생들과 삼계를 벗어나지 못하고 화택(火宅) 중에 있는 이들을 그대에게 부촉한다. 이 모든 중생으로 하여금 하루 낮이나 하룻밤이라도 악도에 떨어지지 않게 해야 한다. 그런데 하물며 오무간지옥과 아비지옥에 떨어져서 천만억 겁을 지내도 벗어날 기약이 없도록 해서야 되겠는가.

지장보살이여, 이 남염부제 중생들이 뜻과 성품이 일정함이 없어서 악을 익히는 자는 많고, 비록 선한 마음을 낼지라도 잠시 뒤에는 곧 물러나며, 만약 악한 인연을 만나면 순간 순간 그 인연이 자라난다. 이러한 일 때문에 내가 이 형상을 백천만억으로 나누어 교화하며 그들의 근기와 성품을 따라서 제도하며 해탈시키는 것이다.

지장보살이여, 내 지금 간절히 천상과 인간의 대중을 그대에게 부촉하니 미래 세상의 천상과 인간과 선남자와 선여인이 부처님의 법 가운데서 작은 선근을 심되 하나의 털과 한 개의 먼지와 한 알의 모래와 한 방울의 물만큼만 할지라도 그대는 도력(道力)으로써 이 사람을 옹호하여 점점 최상의 법을 닦아서 물러서지 않게 하여라.

다시 또 지장보살이여, 미래세 가운데 하늘이나 사람이 업의 보응(報應)에 따라서 악도에 떨어지는데, 악도에 떨어질 때에 다다라서 혹 악도의 문 앞에 이르렀더라도 이 모든 중생들이 만약 한 부처님의 이름이나 한 보살의 이름이나 한 구절이나 한 게송의 대승경전을 외우면 이 중생들을 그대의 위신력과 방편으로 구제하여 이 사람 앞에 가없는 몸을 나타내어 지옥을 부수어버리고 하늘에 나게 하여 수승한 즐거움을 받도록 하라.”

그 때에 세존께서 게송을 설하여 말씀하셨다.

“현재와 미래의 천인과 인간들을
내 지금 간절히 그대에게 부촉하노니
대신통력과 방편으로 제도하여
모든 악도에 떨어지지 않게 하라.

그 때에 지장보살마하살이 호궤합장하고 부처님께 사뢰었다.
“세존이시여, 원컨대 세존께서는 심려하지 마십시오. 미래세 가운데 만약 선남자와 선여인이 부처님의 법 가운데서 일념으로 공경하면 저도 또한 백천 가지 방편으로 이 사람을 제도시켜 생사 중에서 빨리 해탈을 얻게 하겠습니다. 그런데 어찌 여러 가지 좋은 일을 듣고 생각 생각에 수행하면 자연히 최상의 도에서 영원히 퇴전하지 않게 하는 일이겠습니까."

이 말씀을 설하실 때에 법회 중에 한 보살이 계시니 이름은 허공장(虛空藏)이었다. 허공장보살이 부처님께 사뢰어 말씀드렸다.

"세존이시여, 저는 도리천궁에 와서 여래께서 지장보살의 위신력이 헤아릴 수 없음에 대해 찬탄하심을 들었습니다. 미래세 중에 만약 선남자와 선여인과 일체의 하늘과 용이 이 경전과 지장보살의 이름을 듣고 혹 형상에 우러러 예배하면 몇 가지의 복리(福利)를 얻게 됩니까? 원컨대 세존께서는 미래와 현재의 일체 중생들을 위하여 간략하게 설명하여 주십시오."

부처님께서 허공장보살에게 말씀하셨다.

"자세히 듣고 자세히 들어라. 내 그대를 위하여 분별하여 말하겠다. 만약 미래세에 선남자와 선여인이 지장보살의 형상을 친견하거나 이 경을 듣거나 독송하거나 향과 꽃과 음식과 의복과 진기한 보배로써 보시하며, 공양하고 찬탄하고 우러러 예배하면 스물 여덟 가지의 이익을 얻게 된다.

1. 하늘과 용이 보호하며,
2. 선한 과보가 날로 증가되며,
3. 성스럽고 훌륭한 인연이 모이며,
4. 보리심에서 물러서지 않으며,
5. 의식이 풍족하며,
6. 전염병이 들지 않으며,
7. 물과 재난이 없으며,
8. 도적의 액난이 없으며,

9. 사람이 보고 공경하며,

10. 귀신들이 돕고 지킬 것이며,

11. 여자는 남자의 몸으로 바뀌며,

12. 왕과 대신의 딸이 될 것이며,

13. 단정한 상호를 얻을 것이며,

14. 천상에 나는 일이 많을 것이며

15. 간혹 제왕이 될 것이며,

16. 숙명통(宿命通)을 얻을 것이며,

17. 구하는 것은 모두 얻을 것이며,

18. 권속들이 기뻐할 것이며,

19. 모든 횡액이 소멸될 것이며,

20. 업의 길이 영원히 소멸될 것이며,

21. 가는 곳마다 막힘이 없을 것이며,

22. 밤에 꿈이 편안할 것이며,

23. 먼저 돌아가신 조상님들이 고통에서 벗어날 것이며,

24. 태어날 때부터 복을 받아서 날 것이며,

25. 모든 성인들이 찬탄하실 것이며,

26. 근기가 예리하고 총명해질 것이며,

27. 사랑하고 불쌍히 여기는 마음이 넉넉할 것이며,

28. 필경에는 성불할 것이다.

다시 또 허공장보살이여, 만약 현재와 미래에 천룡과 귀신이 지장보살의 명호를 듣고 지장보살의 형상에 예배하며 혹 지장보살의 본래의 서원 등에 관한 일을 듣고 수행하고 찬탄하며 우러러 예배하면 일곱 가지의 이익을 얻는다.

1. 성인의 지위에 빨리 뛰어 오를 것이며,

2. 악업이 소멸될 것이며,

3. 모든 부처님이 보호할 것이며,

4. 보리심에서 물러서지 않을 것이며,

5. 본래의 힘이 더욱 증가할 것이며,

6. 숙명을 모두 통할 것이며,

7. 필경에는 성불하리라."

그 때에 시방의 모든 곳에서 오신 말로는 다 표현할 수 없는 일체의 모든 부처님과 대보살과 천룡 팔부들이 석가모니 부처님께서 지장보살의 대 위신력이 불가사의하다고 칭찬하심을 듣고 일찍이 없었던 일이라고 찬탄하였다.

이때 도리천이 한량없는 향과 꽃과 하늘의 옷과 보배 구슬을 비오듯이 내려 보내어 석가모니 부처님과 지장보살에게 공양하였다. 그리고는 모든 대중들이 함께 다시 우러러 예배하고 합장하며 물러갔다.

회 향 문

사경제자 :   합장

사경마침 일시 :   년   월   일

도서출판 窓 "무량공덕 사경" 시리즈

제1권 **반야심경** 무비스님 편저

제2권 **금강경** 무비스님 편저

제3권 **관세음보살보문품** 무비스님 편저

제4권 **지장보살본원경** 무비스님 편저

제5권 **천수경** 무비스님 편저

제6권 **부모은중경** 무비스님 편저

제7권 **목련경** 무비스님 편저

제8권 **삼천배 삼천불** 무비스님 편저

제9권 **보현행원품** 무비스님 감수

제10권 **신심명** 무비스님 편저

제11권 **불설아미타경** 무비스님 편저

제12권 **원각경보안보살장** 무비스님 편저

제13권 **천지팔양신주경** 무비스님 감수

제14권 **대불정능엄신주** 무비스님 편저

제15권 **수보살계법서** 무비스님 편저

제16권 **불설우란분경** 무비스님 편저

제17권 **화엄경약찬게** 무비스님 편저

제18권 **법화경약찬게** 무비스님 편저

제19권 **법성게** 무비스님 편저(근간)

제20권 **묘법연화경**(전7권) 무비스님 편저(근간)

도서출판 窓 "무량공덕 우리말 사경" 시리즈(근간)

제1권 **한글 천수·반야심경** 무비스님 편저

제2권 **한글 금강경** 무비스님 편저

제3권 **한글 관세음보살보문품** 무비스님 편저(근간)

제4권 **한글 지장경** 무비스님 편저

제5권 **한글 천수경** 무비스님 편저(근간)

제6권 **한글 부모은중경** 무비스님 편저

제7권 **한글 예불문** 무비스님 편저(근간)

제8권 **한글 백팔대참회문** 무비스님 편저(근간)

제9권 **한글 묘법연화경**(전7권) 무비스님 편저(근간)

제10권 **한글 삼천배 삼천불** 무비스님 감수(근간)

도서출판 窓 "묘법연화경 한지 사경" 시리즈 무비스님 감수

제1권 **묘법연화경**(제1품, 제2품)

제2권 **묘법연화경**(제3품, 제4품)

제3권 **묘법연화경**(제5품, 제6품, 제7품)

제4권 **묘법연화경**(제8품, 제8품, 제9품, 제10품, 제11품, 제12품, 제13품)

제5권 **법연화경**(제14품, 제15품, 제16품, 제17품)

제6권 **묘법연화경**(제18품, 제19품, 제20품, 제21품, 제22품, 제23품)

제7권 **묘법연화경**(제24품, 제25품, 제26품, 제27품, 제28품)

※표지: 비단표지, 본문: 고급국산한지

¤ "무량공덕 사경" 시리즈는 계속 간행됩니다.

☆ 법보시용으로 다량주문시 특별 할인해 드립니다.

☆ 원하시는 불경의 독송본이나 사경본을 주문하시면 정성껏 편집·제작하여 드립니다.

◆무비(如天 無比) 스님

· 전 조계종 교육원장.
· 범어사에서 여환스님을 은사로 출가.
· 해인사 강원 졸업.
· 해인사, 통도사 등 여러 선원에서 10여년 동안 안거.
· 통도사, 범어사 강주 역임.
· 조계종 종립 은해사 승가대학원장 역임.
· 탄허스님의 법맥을 이은 강백.
· 화엄경 완역 등 많은 집필과 법회 활동.

▶저서와 역서
· 『금강경 강의』, 『보현행원품 강의』, 『화엄경』, 『예불문과 반야심경』,
  『반야심경 사경』 외 다수.

地藏菩薩本願經

초판 발행일 · 2004년 5월 20일
24쇄 발행일 · 2024년 3월 25일
편   저 · 무비스님
펴낸이 · 이규인
편   집 · 천종근
펴낸곳 · 도서출판 窓
등록번호 · 제15-454호
등록일자 · 2004년3월 25일

주소 · 서울특별시 마포구 대홍로4길 49, 1층(용강동, 월명빌딩)
전화 · 322-2686, 2687/팩시밀리 · 326-3218
e-mail · changbook1@hanmail.net
홈페이지 · http://www.changbook.co.kr

ISBN 89-7453-099-6 04220
정가   13,000원